デザコン2017
岐阜

Design Competition for KOSEN Students
official book

第14回全国高等専門学校
デザインコンペティション
岐阜大会

デザコン2017 in 清流の国ぎふ

CONTENTS

デザコン2017 岐阜　official book

第14回全国高等専門学校デザインコンペティション　岐阜大会
デザコン2017 in 清流の国ぎふ

- 4　大会趣旨
　　社会に広く知られるデザコンを目指して
　　――デザインが天下を制する（文：伊藤 義人）

10　空間デザイン部門

　　課題テーマ　物語（ナラティブ）を内在する空間
- 12　受賞作品
　　最優秀賞（日本建築家協会会長賞）
　　　⑮仙台高専（名取）『杜ヲ　温ネテ　森ヲ　想フ』
　　優秀賞
　　　⑨明石高専『古い土地の新しい夜明け』
　　　⑬明石高専『時とともに…
　　　　――7つのトキと地域の子育て空間』
　　審査員特別賞
　　　⑭有明高専『じじばばは上をゆく』
　　　⑯石川高専『あふれだす児童館』
- 18　本選6作品
　　本選
- 24　本選審査総評
　　輝かしい未来を描く（文：宇野 享）
- 25　募集に際しての審査員からのメッセージ
- 26　本選審査経過
- 31　開催概要
　　予選
- 32　予選審査総評
　　物語（ナラティブ）を内在する空間（文：宇野 享）
　　予選審査経過／開催概要（予選）
- 34　予選通過作品講評
　　本選に向けたブラッシュアップの要望（文：宇野 享）
- 36　予選144作品
- 48　審査員紹介

50　構造デザイン部門

　　課題テーマ　そこのけそこのけ、王者が通る
- 52　受賞作品
　　最優秀賞（国土交通大臣賞）
　　　㉙徳山高専『紡希』
　　優秀賞
　　　④小山高専『Reinforce B』

　　優秀賞（日本建設業連合会会長賞）
　　　⑳福島高専『剛橋無双』
　　審査員特別賞
　　　㉜米子高専『礎』
　　　㊶呉高専『再善線』
　　日刊建設工業新聞社賞
　　　㉟松江高専『真田軍扇』
　　本選
- 58　本選審査総評
　　天下人をめざすチームワーク（文：岩崎 英治）
- 60　総合順位
- 61　本選審査経過
- 68　構造デザイン部門応募要項と競技内容（要約）
- 70　開催概要
- 71　本選50作品
- 84　審査員紹介

86　創造デザイン部門

　　課題テーマ　地産地"興"
- 88　受賞作品
　　最優秀賞（文部科学大臣賞）
　　　㊽秋田高専『竿燈見に来てたんせ』
　　優秀賞
　　　⑳仙台高専（名取）『うらとのさち・あらたなかち』
　　　㊷仙台高専（名取）『イノシシと共存、丸森で共存』
　　審査員特別賞
　　　⑦岐阜高専『地域住民が運営するコミュニティカフェ
　　　　――本巣市北部地域を対象として』
　　　⑱石川高専『雨のち、金沢　のちのち金沢』
　　総合資格賞
　　　⑩舞鶴高専『健輪のムコウ』
- 93　本選4作品
- 95　募集に際しての審査員からのメッセージ
　　本選
- 96　本選審査総評
　　地域の課題も地域の資源に
　　――若者から見た地産地"興"の柔軟性（文：箕浦 秀樹）
　　「高専の学生が地域を変える」可能性を見た
　　　（文：武藤 隆晴）
　　新たな地域づくりの予感（文：嵯峨 創平）
- 98　本選審査経過
- 103　開催概要

	予選
104	予選審査総評 地産地"興"（文：箕浦 秀樹） 予選審査経過／開催概要（予選）
106	予選通過作品講評 本選に向けたブラッシュアップの要望 　（文：箕浦 秀樹、武藤 隆晴、嵯峨 創平）
108	予選37作品
112	審査員紹介

114　AM（Additive Manufacturing）デザイン部門

　　　課題テーマ　安心・安全アイテム開発
116　受賞作品
　　　最優秀賞（経済産業大臣賞）
　　　　⑳函館高専『Fantasistar』
　　　優秀賞
　　　　②弓削商船高専『安心はかり「確認くん」』
　　　　⑥石川高専［A］『Bright』
　　　審査員特別賞
　　　　③苫小牧高専『柄ノ器
　　　　　　　──雪かきから変える北海道の冬』
　　　　⑬木更津高専『アクティブマスク』
121　本選7作品
　　　本選
123　本選審査総評
　　　誰かの便利を考えるのはとても楽しい（文：新野 俊樹）
　　　若者の新しいアイディアやデザインが未来を拓く
　　　　（文：早野 誠治）
　　　もう一工夫加えることで良くなる（文：松田 均）
125　本選審査経過
129　開催概要
　　　予選
130　予選審査総評──本選参加者に期待すること
　　　AM技術を使う理由（文：新野 俊樹）
　　　事業化を見据えて（文：早野 誠治）
　　　数字を効果的に使う（文：松田 均）
　　　予選審査経過／開催概要（予選）
132　予選通過作品一覧
　　　本選に向けたブラッシュアップの要望（文：新野 俊樹）
134　予選12作品
136　審査員紹介

137　プレデザコン部門

　　　課題テーマ　気になる「もの」
138　受賞作品
　　　最優秀賞（科学技術振興機構〈JST〉理事長賞）、
　　　一般投票優秀賞
　　　　［AM-05］石川高専『虫避AP──アミドレス』
　　　　（AMデザイン・フィールド）
　　　優秀賞（科学技術振興機構〈JST〉理事長賞）
　　　　［空間-16］長野高専『風』
　　　　（空間デザイン・フィールド）
　　　　［構造-01］サレジオ高専
　　　　『TOMAMORI AMAMIKUN──可動式防潮堤』
　　　　（構造デザイン・フィールド）
　　　　［AM-04］岐阜高専
　　　　『忘れまペン──WASUREMA-PEN』
　　　　（AMデザイン・フィールド）
　　　本選
140　開催概要
141　本選審査経過／総評
142　本選25作品

145　付篇

146　開会式／特別講演会／学生交流会／情報交換会／表彰式・
　　　閉会式
148　会場と大会スケジュール
150　応募状況
152　デザコンとは？／大会後記

註
＊本書に記載している「高専」は、工業高等専門学校および高等専門学校の略称
＊高専名は、「高専名（キャンパス名）［チーム名］」で表示。チーム名［A］［B］［C］は、同一高専から参加した複数のチームを区分するためランダムに付けられたもの
＊応募作品名は原則としてエントリーシートの記載の通り。一部、提出したプレゼンテーションポスターなどに合わせて修正
＊作品番号は、原則としてエントリー時の番号に統一
＊作品紹介欄の参加学生の氏名は、エントリーシートの記載をもとに、同じ学科や専攻科、学年ごとにまとめて、高学年から順に記載。氏名の前にある◎印は学生代表
＊外国人名は、カタカナ表記の場合は原則として（姓）・（名）で表示。姓を持たない場合は名前のみ表示。アルファベット表記の場合は、本人の申告通りに記載
＊所属、学年の記載は、大会開催時（2017年12月）のもの
＊2〜3ページの⑳、⑳、プレデザコン部門の［デザインフィールド名-00］は作品番号。「空間」は「空間デザイン・フィールド」、「構造」は「構造デザイン・フィールド」、「AM」は「AMデザイン・フィールド」を示す

大会趣旨

デザコン2017 in 清流の国ぎふ

社会に広く知られるデザコンを目指して
—— デザインが天下を制する

伊藤 義人
（第14回全国高等専門学校デザインコンペティション実行委員会委員長、
全国高等専門学校デザインコンペティション2017 in 清流の国ぎふ開催地委員会委員長、岐阜工業高等専門学校長）

信長による統治開始、「岐阜」命名から450年

　デザコン2017のメインテーマは、「デザインが天下を制する」である。群雄割拠の戦国時代、天下に名を馳せた織田信長公が美濃（現在の岐阜県の一部）を治めるようになってから、また、「岐阜」の命名から、2017年はちょうど450年にあたる。信長公の活躍に重ねて、今大会がデザコンにブレークスルーを引き起こし「新たな天下＝新たな社会像」を提案する機会になることを目指して選定したテーマである。

　デザコンは、全国の高専の学生を対象として、「学生の相互研鑽と相互理解を通し、エンジニアリングデザイン能力やソーシャルデザイン能力の涵養と課題解決型の人材の育成を目指すとともに、学生の実践力と創造性を発揮し、地域の課題解決や発展に寄与すること」を目的に開催される。14回目の今回も昨年同様、空間デザイン部門（物語〈ナラティブ〉を内在する空間）、構造デザイン部門（そこのけそこのけ、王者が通る）、創造デザイン部門（地産地"興"）、AM（Additive Manufacturing）デザイン部門（安心・安全アイテム開発）、および高専の低学年生を対象としたプレデザコン部門（気になる「もの」）の5部門を実施した。

　会場になったじゅうろくプラザは、JR岐阜駅に隣接する5階建てのビルで、5部門をうまく各階に配置して実施することができた。12月最初の土曜日と日曜日という休日の開催で、立地も良かったためか、小学生や中学生を連れた一般市民の来場者の姿が散見された。それを見て、デザコンが関係者のコンペティションの場というだけでなく、高専の学生の実践的で、かつ創造的な活動を社会に発信するよい機会であることを再認識した。

モンゴル国の合同チームが初参加

　デザコン2017に参加した学生たちの活躍には目を見張るものがあった。空間デザイン部門、創造デザイン部門、AMデザイン部門には予選があり、事前に岐阜高専の開催地委員会が取り仕切る厳正な審査を通して、空間デザイン部門は全155作品から11作品が、創造デザイン部門は全47作品から10作品が、AMデザイン部門は全24作品から12作品が本選に参加した。予選のない構造デザイン部門は56作品、プレデザコン部門は29作品の参加となった。構造デザイン部門には、モンゴル国の3高専の合同チームが銅線による立派な橋を製作し、初めて参加を果たした。各部門には、建築や環境都市（土木系）をはじめ機械系など多様な学科の学生が参加し、大いに盛り上がった。

　私は、すべての部門の審査過程を可能なかぎり観覧した。中でも、学生の熱心なプレゼンテーションや審査員との真剣なやりとりには大変感銘を受けた。また、審査員の教育的な配慮で、惜しくも賞を逃した学生たちが、挫折をバネにさらに頑張るように励まされていたのも印象的だった。

　最初から最後まで観覧できた構造デザイン部門は、銅線で造った橋の耐荷性能を競うコンペティション（設計競技）で、橋に偏芯荷重*1をかけ、その上で5kgの鋼球に橋を通過させる、という大変難しい課題であった。最適設計を目指したものの軽量化しす

4　デザコン2017 岐阜

ぎて、初期段階の偏芯荷重の載荷で壊れるもの、鋼球の移動中や落下した時の衝撃で座屈[*2]が発生して壊れるものなど、視覚的にも大変興味深いものがあった。橋梁工学を専門とする私から見ても、よく工夫されている橋が多かったと思う。モンゴルからの合同チームや機械学科の学生のチームも大変がんばっていた。審査終了後、学生たちは、創造的な活動をやりとげた満足感にあふれていた。その中で、最優秀賞（国土交通大臣賞）を逃したチームは、同時に悔しさを素直に表していた。

ロボコンに並ぶために

学生たちが真摯に取り組む創造的な活動と、それを支える高専の教職員との協働作業がよくわかるデザコンは、高専から社会に向けた情報発信のよい機会になるだろう。高専のロボコンは、国内でよく知られている。14回を重ねたデザコンも同じように、もっと社会に知られる存在になるべきだと思う。そのためには、表彰式／閉会式で、参加作品や受賞作品を映像などで見せ、その部門に参加できなかった学生や教職員、一般来場者にもわかりやすく紹介するとよいのではないか。

最後に、多くの企業、協会、関係省庁に支えられたデザコンの今後の発展と、この活動を利用した高専から社会への情報発信を強く願う。

註
*1 偏芯荷重：ここでは、非対称荷重（作品に左右非対称の荷重が作用すること）をいう。2016年までは、左右対称の鉛直荷重載荷であったが、岐阜大会では左右非対称に荷重がかかる載荷方式に変更された（本書68ページ参照）
*2 座屈：構造物に加える圧縮力を増加していくと圧縮部材が縮んでいき、ある限度を超えると突然、面外に変形して耐力を失なう現象

大会の案内看板（デザイン：今田 太一郎　岐阜高専／公式プログラムとポスターにも使用）

受賞盾（デザイン：今田 太一郎＋製作：技術室　岐阜高専／技術支援：岐阜県生活技術研究所）

構造デザイン部門：競技中は「岐阜信長公おもてなし武将隊　響縁」「岐阜甲冑倶楽部」が応援

8　デザコン2017 岐阜

空間
デザイン部門

課題テーマ
物語（ナラティブ）を内在する空間

　ここで言うナラティブとは、人が体験する、先が予期できない物語のこと。ナラティブを孕んだ空間を地域に埋め込むことで、素敵な出来事や出会いを生み出し、地域に活気を取り戻せないだろうか。

　地域の歴史、文化、風土からナラティブを生み出す仕組みを発見し、それを想像力で膨らませて、地域に暮らす人々の前に新たな物語を出現させられる、従来の境界を超えた空間を提案してほしい。あるいは、人々が豊かな物語を生み出し始めるような空間を。

　岐阜の地でかつて織田信長が抱いた夢のように、のびのびと豊かで、新しい世界を拓いて全国を駆けめぐるような発想を求める。

- □ **予選応募作品　155**
  タイムライン
  予選
  2017.09.04-09.08　予選応募
  2017.09.24　　　　予選審査

- □ **本選参加作品　11**
  本選
  2017.12.02　ポスターセッション
  2017.12.03　プレゼンテーション
  　　　　　　公開審査

- □ **受賞作品　5**
  - **最優秀賞**（日本建築家協会会長賞）
    ⑮⑤ 仙台高専（名取）『杜ヲ　温ネテ　森ヲ　想フ』
  - **優秀賞**
    ⑨③ 明石高専『古い土地の新しい夜明け』
    ⑬⑤ 明石高専『時とともに…
    　　　　　　——7つのトキと地域の子育て空間』
  - **審査員特別賞**
    ⑩④ 有明高専『じじばばは上をゆく』
    ⑫⑥ 石川高専『あふれだす児童館』

10　デザコン2017 岐阜

最優秀賞
日本建築家協会会長賞
155 仙台高専（名取）

杜ヲ 温ネテ（タズネテ） 森ヲ 想フ

◎加藤 春奈（5年）、宍戸 奎介（4年）、加藤 美鈴（3年）[建築デザイン学科]
担当教員：坂口 大洋 [建築デザイン学科]

空間デザイン

審査講評

▶建築空間というよりは地球規模でとらえた時に、炭焼き小屋も魅力的である。自然のサイクルと人の営みが非常にうまく物語としてもつくられていた。100年後に森ができる、「人工的」な自然が「野生」に育っていく、最終的に人間の手に掛からなくても自ずと流れていくという考えに興味を持った。3.11東日本大震災以降、建築や土木を見つめ直す時代が来ており、我々は建築単体だけのことを考えればよい時代ではなくなった。そのことを認識するためにもこの作品を最優秀賞として評価したい。　（宇野 享）

▶非常にスケールが大きく、100年以上先を想定した提案である。リサーチもよくできており、実際に100年後に現実になりそうとも感じた。一方で、ナラティブが内在する空間かどうかは迷うところだが、それを超えて評価できる作品である。
（若林 亮）

▶この広いエリアにおいて多様な人が集まり、人がどう関わって、課題や物語がどう引き継がれるのか、将来どうしたいかのヴィジョンが明確に示されている。担い手の1つとして仙台高専が環境づくりに関わり自分たちの役割を果たして、どのように地域に協力するかの提案が入っている点を評価した。（大宮 康一）

＊12〜23、36〜47ページの氏名の前にある◎印は学生代表
＊高専名の上または左にある3桁数字は作品番号
＊審査講評は公開審査時の発言をもとに作成

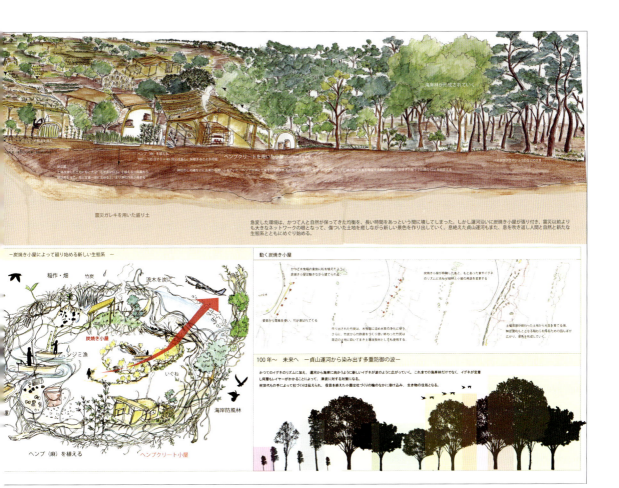

優秀賞 093 明石高専

古い土地の新しい夜明け

◎Chhiv Exthai［建築学科5年］
担当教員：水島 あかね［建築学科］

空間デザイン

9.Boreikeilaを語り直す

はじめて再開発されたスラムコミュニティはBoreikeilaスラムコミュニティである。本設計ではじめて失われたここでの物語を語り直す。

10.住宅提案：中間領域の拡大可能住宅

与える未完成住宅は3つのレイヤからなる。利用する部材、使われる構造、空間づくりによって、コミュニティ内に様々な空間が作られる。そして、以前のスラムの空間づくりの自由さを与える。

11.倉庫提案：自由空間の変化

コミュニティの倉庫では、建築部材と住者が同時に空間を演出できる。二本の柱で自由に床に色をつけられ、倉庫空間を簡単にすることができる。

審査講評

▶模型に力がなかったが、テーマ設定に共感し可能性を感じた。若い人がこのテーマに取り組んでいること、セルフビルドで何でも作るという日本が失くしたことを、カンボジアにおいてつなぎ留めていることに未来を感じた。（宇野 享）

▶既存の部材を蓄積させて新しいものを作るという点が良かった。「中間領域」を中心に考えていけたらよかった。
（若林 亮）

▶コミュニティを自分たちで作っていく計画が確認できた。さまざまな人が繰り返し「使っていく・作っていく」、「物語・コミュニティ」の「歴史・時間の経過」を感じられた。（大宮 康一）

優秀賞 135 明石高専

時とともに… ── 7つのトキと地域の子育て空間

◎森上 寛菜 [建築学科5年]
担当教員：水島 あかね [建築学科]

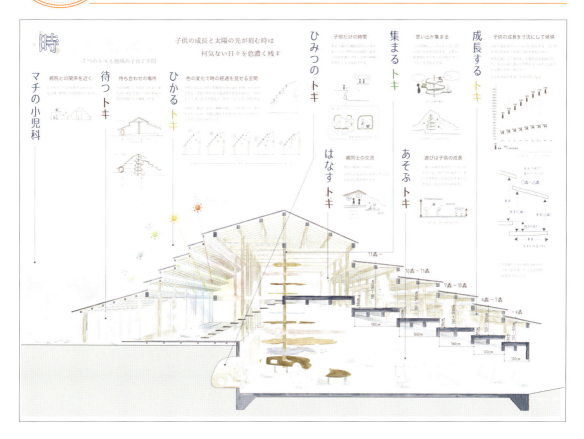

審査講評

▶断面図が魅力的な作品。身近な子育ての問題に対して、1つの建物内でシナリオを構築している。「7つのトキ」の、空間と物語性のバランスがうまく取れていた。子供が遊ぶ風景がイメージできた。子供のスケール感もよくとらえている。（宇野 享）

▶子育て自体が1つのナラティブであり、それぞれの場所に7つのナラティブを感じた。断面構成が良く、親から見え ない場所をあえてつくる巧みさもあった。（若林 亮）

▶この空間で育って大人になった自分も考えていた。地域の課題を新しい計画で解決しており、正しいやり方での解法が示され、継続的な未来が思い描ける空間であった。さまざまな人が関わることができ、楽しそうに感じた。（大宮 康一）

審査員特別賞 104 有明高専

じじばばは上をゆく

◎牛島 美夏[建築学専攻専攻科2年]
担当教員：正木 哲[創造工学科建築コース]

空間デザイン

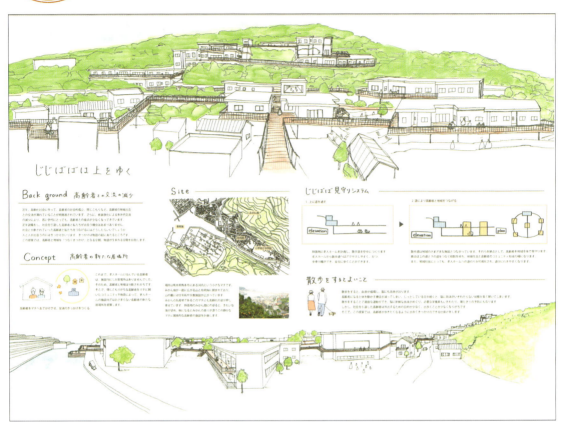

審査講評

▶社会問題の1つに取り組んでいて良かった。「じじばば」が住むのは高い山のほうでなくてもよかったのではないか、もっと身近に、街の中にいてほしい存在ではないだろうか。　（若林 亮）

▶間取りも含めたいろいろな提案など、空間の細かい部分までつくり込まれていた。また、高齢者と若い人たちの接点もていねいに計画されていた。高齢者の住む場所については、現状の問題を空間で視覚化した提案であり、また、みかん畑の匂い、雲海が広がる風景の中で自分が暮らしたいという提案者自身の思いが込められていると理解できる。　（宇野 享）

▶高齢者と子供、街全体の一体感があった。街の先を見据えた変化の説明がしっかりとできており、人の動き・関わりも想像でき、楽しい将来が容易にイメージできた。　（大宮 康一）

あふれだす児童館

審査員特別賞 126 石川高専

◎高嶋 ひかる（5年）、谷保 太一、宮西 夏里武（4年）[建築学科]
担当教員：道地 慶子[建築学科]

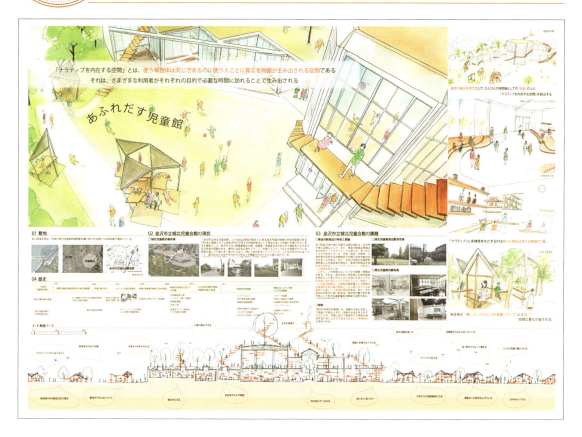

審査講評

▶断面のスケッチが持つ力を評価した。街の成長に合わせて建築も成長させていくプログラムに共感した。立体的なプレゼンテーションや手描きのスケッチにも好感を持てた。　（宇野 享）

▶おもしろくてユニークな提案で良かったが、既存の児童館の良い点・悪い点の分析が弱い気がした。塔の部分をどう使うのかという提案もなかった。　（若林 亮）

▶絵を見て楽しそうだと思った。さまざまな人が集まり、地域のシンボルになる、世代を超えて物語や語り手・聞き手が受け継がれていく建物である。　（大宮 康一）

本選作品 024 岐阜高専

俺たちの日常——倉庫から始まる集落再生計画

◎野村 太地 [建築学科5年]
担当教員：今田 太一郎 [建築学科]

審査講評

▶たった1人で街のいろいろなものを引き受けて、社会実験のように生活をしていくという提案には可能性を感じてとても良かったが、将来のヴィジョン、最終的にどうなるのかを明確に示してほしかった。 （宇野 享）

▶自分のためのナラティブではなく、地域のためのナラティブ、倉庫をどのように構築したらどうなる、こんな工夫をしたらこういうナラティブが生まれるという提案を示せるとよかった。 （若林 亮）

▶物語は「語る人・聞く人・引き継ぐ人」がいてこそ成り立ち、発展するものであり、一人言では蓄積されない。地域を巻き込んだナラティブの中の、自分の欲しい空間の説明・提案がほしかった。
 （大宮 康一）

18　デザコン2017 岐阜

本選作品 037 小山高専

帰巣

◎大関 浩平、外赤 大吾（5年）、江島 ありさ（3年）[建築学科]
担当教員：永峰 麻衣子 [建築学科]

この村の魅力は、稲作が伝わって以来、日本人が見てきた田園風景と共にある暮らした。

結の道

吉田村は二つの河に挟まれている。これによって安定した水の供給があり、稲作などの農業が発展していった。それに伴い水路や道が整備されていった為、今の広大な田園風景が出来た。

この水路がかつて生活用水として使われていたことが、調査により判明した。その流れを汲み、水路沿いに通路を新しく整備することで、村全体をネットワーク化する。村を通る中央の通りは車の往来が激しく狭い為、この通路が観光者・宿泊者だけでなく地元住民も共に利用する主な動線となる。共通のテーマカラーを決め、各地に散りばめることにより村全体の統一感を演出する。

改築した石蔵を中心に、古民家を宿泊施設として再利用する。この周辺を商業施設やレジャー施設として再生することにより、利用者はここでの暮らしを通して、この村の魅力に触れることになる。

田舎出身者にとっては当たり前である、自然が傍らにある暮らしも、そうでない者にとって新鮮な体験となる。

結の道ネットワーク

古民家と繋がる道

田園を渡る道

道沿いの憩いの場

古民家を宿に

古民家も増加しつつある空き家は、長期間宿泊に加え、その後の移住までも視野に入れた、ハイエンドな宿泊施設として再生される。

目立った改装はせず、あえて現存の雰囲気を残すことによって、実家へ帰省するような感覚で村へ訪れ、過ごすことができる。この村はまさに、理想とする第二の実家へと変化していく。

この地の魅力を知ることによって、宿泊者の中から村への移住者が現れ、彼らがこの村のナラティブを紡いでいく。

審査講評

▶リサーチがしっかりとされており、行ってみたいと思わせるパースが何点もあるところが良い。吉田村のナラティブになっているかとの疑問と、観光客が移住するところまで本当に辿り着くのかとの現実感の問題が課題である。（若林 亮）

▶広い範囲でのサーベイ（調査）を実施し、それぞれの使い方の検討が行なわれている力作である。ただし、あまりにも過去の繁栄の時代に戻そうとするのは難しいのではないか、密度の低い状態で活かしていけること・できることがあるのではないか、との点が気になる。
（宇野 享）

▶若い人が入って村を活性化しようとする現在の状況を土台としており、わかりやすく、楽しそうで、人が来そうな提案だと思う。ただし、吉田村ならではの特性を活かしたものが伝わってこない。周りの集落との関わりも含めて、どう変わっていけるかの提案があるとよかった。
（大宮 康一）

本選作品 062 米子高専

きっかけの場所

◎小川 祥吾 [建築学専攻専攻科1年]
担当教員：小椋 弘佳 [建築学科]

空間デザイン

審査講評

▶今回の作品の中で最も建築的な取組みを提案している。地域の過去の社会問題を今後どう未来へつなげていくかとのナラティブと、1つ1つのシークエンス（連続性）が考えられていて、それらを建築的に完成度高くまとめた、実力のあるすばらしい作品である。　　（若林 亮）

▶逆に建築的過ぎる。建築と自然の話なのに、それらの関係性が切れていると感じた。建築が屹立して白い水面に建っているが、もう少し自然とのつながりを持った方法があったのではないだろうか。　　　　　　　　　　（宇野 享）

▶このモニュメント的な施設の中で、たくさんの人がどう関わっていくのかのイメージできなかった。会社の人、地域の人、自治体の人など、次世代へどのように継承し、どう語り継がれて、物語が蓄積され、さらに作られていくのか明確だとよかった。　　　　　　（大宮 康一）

OCHIBA

本選作品 092 明石高専

◎常國 晋吾［建築学科5年］
担当教員：工藤 和美［建築学科］

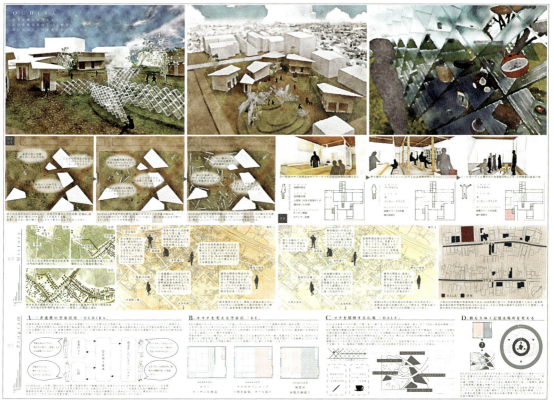

審査講評

▶スケッチに力がある。前の人が改修した跡を継承して空き家の改修を加えていく提案はすごく良い。「HALE」の場は、特別な場所を作らないで街のさまざまなポイントに力を持たせられる方向に進んでいけたらよかった。　（宇野 享）

▶「HALE」の場が「マグネットストア」としての役割を担ったり、あるいは2カ所のアイコンを行き来する人がいつの間にか古民家へ入ったりするしくみまでが提案されていると、リアリティが生まれた。　（若林 亮）

▶同時並行に1つの空間、近しい空間の中でチャレンジする人が交流をしながら、次のステップへと進んでいけるとおもしろいが、ステップの間が断絶した感じとなったのがもったいない。　（大宮 康一）

本選作品 094 明石高専

PoToPoTo──ポトッポトッ

◎森崎 加鈴［建築学科4年］
担当教員：水島 あかね［建築学科］

空間デザイン

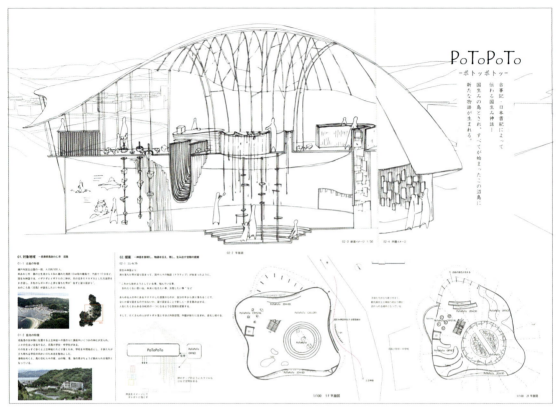

審査講評
▶完成度は高くないが、未来の神社のような既視感のない提案をする造形力がすばらしかった。どうやって作ればよいのかわからない現状から、それを実現できる技術力を身に付け、大きく成長してほしい。他人とは違う建築を作れる能力、視点を持っていると感じた。　（宇野 享）

▶発想がユニークで、なかなかないすばらしい作品。街と池と神話と、建物の関係性を形にしてほしかった。　（若林 亮）

▶人とのつながりが、個人レベルからもっと神話を通した地域全体を巻き込んだ物語として作られて、継承されると、今回のテーマであるナラティブがわかりやすかった。　（大宮 康一）

本選作品 131 仙台高専（名取）

堆積する煉瓦　蓄積する形跡

◎佐々木 大［生産システムデザイン工学専攻専攻科2年］／星 祐太朗（5年）、高橋 花歩（4年）、後藤 颯汰（2年）［建築デザイン学科］　担当教員：坂口 大洋［建築デザイン学科］

審査講評

▶力のある提案で、発表者の熱弁にも好感を持った。一方で、ジメッとした暗い空間を活かしきれておらず、そこに「普通の明るい空間でにこやかに行なうような活動」を落とし込んだことに違和感を持った。（宇野 享）

▶お金と労力を掛けて都会の地下にこれだけの空間をつくる価値が生まれているか、街の人全員が使うわけでもなく、リアリティを鑑みると疑問が残る。（若林 亮）

▶表（地上）が変わるからそれを残す装置として地下を利用する、との提案であるが、社会（地上）に合わせて地下も変化していくべきだと思う。（大宮 康一）

本選

* 文中の作品名は、サブタイトルを省略。高専名（キャンバス名）『作品名』［作品番号］で表示
* 文中の［　］内の3桁数字は作品番号

本選審査総評

輝かしい未来を描く

宇野 享（審査員長）

空間と物語（ナラティブ）をどう解釈するか

　本選は2日間にわたり、11組の学生たちの熱意と緊張感に満ちた舞台となった。来場者が入りきらないほどの大盛況だ。プレゼンテーションやポスターセッションでの発表の際の、学生たちが緊張のあまり手を震わして声をふりしぼる姿や、提案に対する想いの強さで涙ぐむ姿、悔しさで握りこぶしに力が入る姿など、私たちが審査を投げ出したくなってしまうほど、彼らの純粋で真剣な姿は美しかった。

　今回の課題テーマ「物語（ナラティブ）を内在する空間」は、学生だけでなく審査員にとっても難しい課題だった。私たちの世界が「モノとコト」でできていると仮定すると、空間をモノ、ナラティブをコトと翻訳できるし、空間はモノとコトの総体と解釈することもできる。どちらに軸足を置くかで提案は多様性を帯びる。審査員も逡巡しながら、本選の審査基準を大きく2つに絞り込んでいった。1つは、「モノとコトの関係性が明快かつ現実的か」であり、もう1つは、「どのような未来を描いているか」である。当然、提案に至る敷地のリサーチや、地域社会のもつ課題など、提案ごとに留意しなければいけない点も加味して審査した。

既成のスケール感を超えた未来像に栄冠

　最優秀賞に選ばれた仙台高専（名取）『杜ヲ　温ネテ（タズ）森ヲ　想フ』［155］は、3.11の東日本大震災後に人が住めなくなった海岸部への提案である。炭焼き小屋を作り、炭による水質浄化、シジミによる土壌浄化を手がかりに、生態系のサイクルをつくり出し、100年かけて森に再生していく。本選の11作品中、最も長い時間軸を取り込んだ提案で、自然に抗わず、震災を風化させず、人が水辺に戻れる可能性も秘めている。空間という言葉から想像されるスケール感を超えた未来像は、会場全体の共感を得た。最優秀賞にふさわしい作品であった。

　また、優秀賞に選ばれた明石高専『時とともに…』［135］と、明石高専『古い土地の新しい夜明け』［093］は、現代社会の抱えたコトの問題を、モノのアイディアを手がかりとして未来につなげていくような提案であった。前者は、子供の成長過程をナラティブととらえ、成長過程に呼応した目線から発想した断面計画や空間寸法が秀逸な作品だ。後者は、カンボジアのスラム街の違法建築を徐々に解体し、その建築資材を倉庫に保管して、新しい建築に再利用する提案。スラムのコミュニティを保存・再編していくプロセスと空間分析が秀逸だった。紙面に限りもあるため、残念だが審査員特別賞以下は各作品の審査講評に代えさせていただく。

世界を少しでも前に進める力に

　入賞したみなさんは、大いに喜びをかみしめてほしい。惜しくも選外だったみなさんは、その悔しさを今後の糧としてほしい。全身全霊で努力しても報われない夢はある。でも、努力をしなければ輝かしい結果はない。審査会場でも話したが、どの作品も甲乙つけがたいほど、個性的で魅力的な未来像を描いていた。みなさんが技術者や建築家として社会に出て、世界を少しでも前に進めていってくれると確信している。

募集に際しての審査員からのメッセージ

宇野 享（審査員長）
体験したくなる場

　さまざまな地域に特有の歴史、文化、風土があるように、物語（ナラティブ）を内在する空間にも絶対的な唯一の答えはない。元気のなくなった場所に活気を取り戻したり、何気ない風景を一新させるきっかけを与えたり、その場を使う人たちがワクワクするような未来を描いてもらいたい。世界の未来は、観察・洞察・考察から生まれたアイディアを上書きしていくことで輝くと信じること。どんなに遠くても一度行ってみたくなる、その場を体験したくなるような、既成概念にとらわれないナラティブを内在する空間を期待している。

若林 亮（審査員）
ナラティブの建築のあり方

　人と人、人と自然、人とモノ……。ナラティブの主人公はいつも「人」である。

　地域の歴史、文化、風土をテーマにした、ナラティブを内包する空間で、その「人」が新たな発見、新たな出会い、新たな好奇心を育み、何が生まれ、何が変わるか……？　そのための建築はどのようにあるべきかが求められている。

　若いみなさんの柔軟な発想で、私たちに大きな刺激を与えてくれるような提案を楽しみにしている。

大宮 康一（審査員）
住民も来訪者も語り手になれる

　「ナラティブ（物語）」は、世代を超えて、伝える人、聴く人、または受け継ぐ人がいて成立するコミュニケーションのあり方の1つである。そんな人たちが息づき、自然と集まる空間の中で、地域の歴史や文化、風土、何気ない日常などが生き生きと語られ、それが新たな視点で見つめ直され、そして新たな物語がつくられるような提案を期待する。また、そこで暮らす人たちだけではなく、そこを訪れる人も、物語を創出し、語り継ぐ担い手となるような空間があっていいのではないかと思う。

本選審査経過

建築と物語（ナラティブ）のバランス
審査員からの深い質問

展示設営：
各々の創意工夫に満ちた空間表現

　本選は昨年同様、ポスターセッション、プレゼンテーション、公開審査の3つの過程で審査された。今回は会場の都合により、ポスターセッションは、プレゼンテーションや公開審査とは別の会場となり、3人の審査員が2部屋に分かれて展示された本選作品を回る方法で実施された。

　予選を通過した11チームは、初日の8:30から、受付順に作品の発表順と展示場所を決める抽選に臨んだ。中には拝みながらくじを引く者もあり、デザコンにかける参加者の意気込みが伝わってきた。

　展示場所が決まると、参加者たちは、各作品それぞれに与えられた幅1,800mm、奥行1,200mm、高さ1,800mmの展示空間（ブース）で、ポスター、模型、小物などを用いて各々の空間表現を開始。11:30からのオリエンテーションの後、12:00から各作品の展示空間を計測し、すべての作品が規定通りの展示になっていることが確認された。

　非常に密度の濃いポスターに加えて、用意されたパネルにボール紙を用いて立体的な棚を吊り込んだり、照明を持ち込んで模型に照射したり、スチールパイプを立てて模型を吊したり、どの作品も創意工夫が随所に見られるすばらしい展示になった。

(000)：数字は作品番号

＊文中の作品名は、サブタイトルを省略。高専名（キャンパス名）『作品名』［作品番号］で表示。
＊文中の［　］内の3桁数字は作品番号

26　デザコン2017 岐阜

ポスターセッション：
真剣さと人混みで、熱く暑い時間

　1日め午後からのポスターセッションは、3人の審査員が一緒に11作品の展示ブースを順に回り、作者とのやりとりを通して審査する。各作品には、発表7分、質疑応答8分が与えられた。部屋が狭かったため移動時間に予定していた2分間は不要になり、長引くことの多い質疑応答に充てることができ、無事に予定時間内で全作品のポスターセッションを終了した。

　オリエンテーションでの審査員長からの「多くの作品の中から選ばれたのだから自信を持ってほしい。そして、自信を持って本選審査に臨むみなさんだからこそ、あえて厳しい質問をする」という含蓄の深い発言に応えようと、参加者は緊張した面持ちでポスターセッションに臨んだ。

　3人の審査員は、それぞれの評価軸に沿って多様な視点から参加者に問いかけた。予選審査で各作品に出した要望をどのように反映させたのか、をはじめとする、審査員の鋭い質問に対して、時には詰まりながらも自信を持って答える姿は、日頃の研鑽の賜であろう。

　各ブースでは発表者と審査員の真剣なやりとりが繰り広げられ、その様子を見ようとする他校の参加者や来場者は廊下まであふれ、12月であることを忘れるほどの熱く、暑い時間が続いた。

空間デザイン

プレゼンテーション：
模型のスイッチ映像が登場

　2日めも8:30から受付を開始し、作品ごとに持ち込み機器の接続、カメラの操作方法などを確認した。今回のプレゼンテーションでは、模型を展示空間から別会場に移動するため、あらかじめ移動を考慮した模型製作が求められていた。各作品ごとの持ち時間は発表7分、質疑応答6分として、初日の抽選により決定した発表順にて実施した。
　会場の前方に2面のスクリーンが用意され、片方に発表用スライドを、もう一方には模型の画像を映写しながら発表することができる。また、今回は、模型画像の投影に、ビデオカメラとCCDカメラによる2つの映像を切り替えて使用することができたため、全景とアイレベルの視点の両方の映像を取り入れたプレゼンテーションも見られた。模型撮影場所を2カ所準備し、交互に使うことで発表中に交代と準備を行ない、移動時間を短縮した。
　前日のポスターセッションにおける審査員からの質疑を反映した、意欲的なプレゼンテーションはわかりやすく、多くの観客を引きつけた。会場は常に、ほぼ満席であった。
　審査員からのさらに奥深い質問に堂々と答える様は、発表者のテーマに対する十分なリサーチと、提案内容への自信を感じさせるものであった。　（櫻木 耕史　岐阜高専）

28　デザコン2017 岐阜

公開審査：
スケールの大きさ、メッセージ性を評価

　公開審査は、午前中のプレゼンテーションと同じ会場で13:00から始まり、ポスターセッション、プレゼンテーションでの熱気を受け止めた審査員3人による真摯な議論が展開された。冒頭に、審査員長から「この中で賞をもらえなかった人こそ、建築家になる可能性が高いと思う。それは、ここでの悔しさがバネになるから。そういう意味で、入選できなかった悔しさが、『一生忘れられない賞』になる」という自らの経験を踏まえた参加者へのメッセージがあった。その後、審査員3人が5票ずつ持って、推薦する作品へ投票し、その結果を手がかりとして議論を開始した（表1参照）。

　まず、満票である3票を獲得した3作品（[093] [135] [155]）について、具体的に評価を話し合う中で、この3作品が上位3賞にふさわしい作品であることが審査員間で確認された。各賞を決めるにあたり、審査員1人1票で3作品を対象にした決選投票を実施。投票結果をもとに審議し、提案内容のスケールの大きさ、建築の世界に投げかけるメッセージの重要性から、2票を獲得した仙台高専（名取）『杜ヲ 温ネテ 森ヲ 想フ』[155]を最優秀賞、明石高専の2作品、1票の『時とともに…』[135]、0票の『古い土地の新しい夜明け』[093]を優秀賞とすることが決まった（表2参照）。

　次に最初の投票で得票した4作品について審議された。2票の有明高専『じじばばは上をゆく』[104]、石川高専『あふれだす児童館』[126]、1票の小山高専『帰巣』[037]、米子高専『きっかけの場所』[062]について、各審査員が、それぞれ票を入れた理由と入れなかった理由について説明した。続いて、入賞をかけて、それぞれ推薦する審査員が1票の作品への応援演説を行なった。また、0票の作品についても改めて見直し、復活があるかどうかを検討。最後まで若林審査員は、米子高専『きっかけの場所』[062]を推していたが、議論の末、2票を得た有明高専『じじばばは上をゆく』[104]、石川高専『あふれだす児童館』[126]が順当に審査員特別賞を受賞することとなった（表3参照）。この過程の中で、審査員から明石高専『PoToPoTo』[094]に対して「誰も見たことがない空間を生み出す力がある。その力を指導者は伸ばしてあげてほしい」（宇野）、米子高専『きっかけの場所』[062]に対して「高専出身の建築家として、高専の学生が、きちんとシークエンスを組み立てて建築を構想する力を持っていることを評価したい。入賞できなかったが、若林賞をあげたい」（若林）などの発言があり、会場では、涙ぐむ参加者の姿も見られた。ポスターセッション、プレゼンテーションに熱意を込めて挑んだ全参加者に対して、審査員からの思いがこもった公開審査となった。

　最後に5つの受賞作品を改めて確認し、各賞が確定した。
（今田 太一郎　岐阜高専）

表1　本選——第1回投票　集計結果（1人5票）

作品番号	作品名	高専名（キャンパス名）	宇野	若林	大宮	合計
093	古い土地の新しい夜明け	明石高専	●	●	●	3
135	時とともに…	明石高専	●	●	●	3
155	杜ヲ 温ネテ 森ヲ 想フ	仙台高専（名取）	●	●	●	3
104	じじばばは上をゆく	有明高専	●		●	2
126	あふれだす児童館	石川高専	●		●	2
037	帰巣	小山高専		●		1
062	きっかけの場所	米子高専		●		1
024	俺たちの日常	岐阜高専				0
092	OCHIBA	明石高専				0
094	PoToPoTo	明石高専				0
131	堆積する煉瓦　蓄積する形跡	仙台高専（名取）				0
	合計		5	5	5	15

註（以下、同）
＊表中の●は1票　＊表中の高専名は、高専名（キャンパス名）で表示
＊表中の作品名は、サブタイトルを省略

表2　本選——決選投票　集計結果（1人1票）

作品番号	作品名	高専名（キャンパス名）	第1回投票得票	宇野	若林	大宮	合計	受賞
155	杜ヲ 温ネテ 森ヲ 想フ	仙台高専（名取）	3		●	●	2	最優秀賞*1
135	時とともに…	明石高専	3	●			1	優秀賞
093	古い土地の新しい夜明け	明石高専	3				0	優秀賞
	合計			1	1	1	3	

註　＊1　最優秀賞：最優秀賞（日本建築家協会会長賞）
　　＊第1回投票で、満票の作品を対象に投票

表3　本選——受賞作品決定（協議）

作品番号	作品名	高専名（キャンパス名）	第1回投票得票			受賞
			宇野	若林	大宮 合計	
155	杜ヲ 温ネテ 森ヲ 想フ	仙台高専（名取）			3	最優秀賞*1
093	古い土地の新しい夜明け	明石高専			3	優秀賞
135	時とともに…	明石高専			3	優秀賞
104	じじばばは上をゆく	有明高専	●	●	2	審査員特別賞
126	あふれだす児童館	石川高専	●	●	2	審査員特別賞
037	帰巣	小山高専			1	
062	きっかけの場所	米子高専			1	

註　＊1　最優秀賞：最優秀賞（日本建築家協会会長賞）
　　＊第1回投票で得票した作品を中心に協議の上、受賞作を決定

開催概要

空間デザイン部門　概要

【課題テーマ】物語（ナラティブ）を内在する空間

【課題概要】
織田信長は、それまでの慣習や旧来的な秩序を破り、新しい世界をつくろうとした。自由な経済の場としての楽市楽座、失われた安土城。実現しなかったが故に、信長の描いた世界の残滓を手がかりとして、私たち自身の中で物語の続きをさまざまに想像することができる。信長の物語は、我々自身の想像力が喚起される物語（ナラティブ）なのだ。

ナラティブとは、物語を意味する言葉である。それは、あらかじめ起承転結が明確になっている物語（ストーリー）ではなく、かつておばあさんが囲炉裏を囲んで語るおとぎ話が子供たちにとってドキドキワクワクするものであったのと同じように、主体にとって体験する物語、その先が予期できない物語なのだ。

地域にナラティブを孕んだ空間が埋め込まれることで、再び活気を取り戻し、活き活きとした地域を蘇らせることができるだろうか。私たちのまわりに素敵な出来事や出会いを生み出し、日々、予期しない驚きに満ちた豊かな世界を生み出すことはできないだろうか。そこで、今年の課題テーマを「物語（ナラティブ）を内在する空間」とする。

ここで少し、物語（ナラティブ）を内在する空間について考えてみよう。

かつての通りは、住まいと道が結びつくことで、人々の中に生活の物語やコミュニケーションの物語を生み出した。また、活気ある市（マーケット）では、人々の中にさまざまな小さな物語が生成されていた。道や市は、主となる機能を超えて、物語を生み出す装置でもあったわけである。また、今、盛んに取り組まれている古民家や古ビルを対象としたセルフリノベーションは、民家が歩んできた歴史や従来の建物の用途機能を使用者が解釈し直すことで、建物に新しい意味をつくり出し、新しい物語を生み出すことを実践している。

地域の歴史、文化、風土からナラティブを生み出す仕組みを発見し、それを想像力で膨らませて、地域環境を使用する私たちの前に新たな物語を生き生きと出現させられる、従来の境界を超えて、新たな物語が生き生きと生まれる、あるいは、地域環境の使用者である私たち自身が豊かな物語を生み出し始めるような空間を提案してほしい。

岐阜の地でかつて信長が抱いた夢のように、のびのびと豊かで、新しい世界を拓いて全国を駆けめぐるような発想を求める。

【審査員】宇野 享［審査員長］、若林 亮、大宮 康一
【応募条件】4人までのチームによるもの。1人1作品
【応募数】155作品（386人、22高専）
【応募期間】
プレゼンテーションポスター提出期間：
2017年9月4日（月）～8日（金）

【設計条件】
①敷地と空間は実在する場所を対象とすること
②対象地域や敷地などの現状や、歴史・風土を手がかりに発想し、それを示すこと
③ソフト面の提案を含む、建築または空間のデザインを求める
④既存建築物を対象とする場合、法令等の制度上の問題を必ずしも遵守する必要はない。しかし、制度上の問題を提案の背景とする場合もあるため、提案内容によって適宜考慮すること

本選審査

【日時】2017年12月2日（土）～3日（日）
【会場】
じゅうろくプラザ　4階　研修室1（プレゼンテーション、公開審査）、研修室2、3（ポスターセッション）、研修室4（予選作品展示）

【本選提出物】
①コンセプトを最も明確に説明できる模型：
　規定の展示スペース（ブース）に収まるサイズ
②最新版プレゼンテーションポスター：
　A1判サイズ1枚（横向き）、3mm厚のパネルに貼付け。予選応募のプレゼンテーションポスターをブラッシュアップしたもの
③補足用のプレゼンテーションポスター：
　上記②のポスターだけでは説明できない場合に作成。上記②と同様の仕様で枚数制限なし
④最新版プレゼンテーション用ポスターと補足用プレゼンテーションポスターの画像データ
⑤プレゼンテーション審査使用データ（パワーポイントなど）

【展示スペース】
幅1,800mm×奥行1,200mm×高さ1,800mmの空間内に、指定されたポスターと模型を中心に、作品の世界を自由に表現する。
展示用パネル（幅900mm×高さ1,800mm）2枚、テーブル（幅1,800mm×奥行600mm）1台、椅子1脚を提供可

【審査過程】
参加数：11作品（20人、7高専）
日時：2017年12月2日（土）
①ポスターセッション　13:00～17:00
日時：2017年12月3日（日）
②プレゼンテーション　9:00～12:10
③公開審査　13:00～14:00

予選

予選審査総評

物語（ナラティブ）を内在する空間

宇野 享（審査員長）

空間デザイン

　全国の高専から集まった155作品を前にして、個々の才能を見逃さないように審査員全員が緊張しながら応募された提案の審査に臨んだ。「物語（ナラティブ）を内在する空間」という課題に応じて、「物語性」と「空間性」という2つの評価基準を手がかりに厳選した結果、11作品が予選を通過した。一方、物語には魅力があるけれど空間が感じ取れない提案や、逆に、空間は魅力的だけれど物語のリアリティに欠ける提案など、どちらかに偏った提案は残念ながら選外とした。

　選ばれた11作品は、2つの評価基準から見たバランスが秀逸で、物語か空間のいずれかに強い魅力が感じられたものである。惜しくも選外となった作品も、各地域の特色が色濃く反映され、リサーチにかけた作者のエネルギーが読み取れる力作ばかりだった。

　コンペ（設計競技）に参加する意義は勝ち負けだけでなく、同じ課題で提案を競い合い、最終的にどのような提案の何が評価されたかを学ぶことにもある。デザコンに挑んだ経験が応募者共有の知的財産となり、次の課題に取り組む糧になることを期待して止まない。予選を通過した作品においては、この段階で満足することなく、本選に向けてさらにスタディを重ね、進化させた提案を見せてくれることを楽しみにしている。

予選審査経過

　予選は、まず、3人の審査員が、各15作品程度を選ぶ1次選考から開始。続いて、1次選考で選ばれた作品について、協議し、検討する2次選考、最後に再度、票が入らなかった作品を見直す3次選考という3段階で審査が行なわれた。

　午前中の1次選考では、審査員は、3つの教室に分かれて展示された全155作品の応募ポスターを審査し、予定時間の12:00を30分程度延長して終了した。その結果、計38作品（3票：2作品、2票：9作品、1票：27作品）が午後の2次選考に残ることとなった（表4参照）。

　2次選考では、まず3票集まった［024］［135］を一旦、予選通過確実として、2票入った9作品（［016］［037］［092］［093］［094］［098］［104］［124］［131］）の検討を進めた。各審査員が作品を選んだ理由を話し合う中で、ナラティブ（物語）というテーマに対応するシナリオ（物語）があるか、スペース（空間）があるかの2点が、1次選考の評価軸として浮かび上がった。シナリオもスペースもある作品、シナリオ寄りの作品、スペース寄りの作品というとらえ方が審査員の間で共有され、各作品についての審議が進んだ。

　次に、得票が1票の作品を確認しつつ、各審査員の特に気になる作品についてのコメントを中心に協議した。その中で、［057］［062］［126］が浮上し、2票を得た作品と比較検討されることになった。

　そこで、2票の9作品と、1票の作品から選出された3作品（［057］［062］［126］）を合わせて比較が行なわれ、［037］［062］［092］［093］［094］［104］［126］［131］の8作品を予選通過候補とした。

　その8作品に、満票で予選通過確実としていた［024］［135］を含めた10作品について最終的な検討が行なわれ、この10作品を予選通過とした。ところが、休憩を挟んで、審査員の1人が［155］を追加で推薦。協議の上、審査員全員一致で［155］を予選通過作品に加えることとなった。

　3次選考では、見落としがないように、票が入らなかった作品を再度確認した上で、改めて上記の11作品を予選通過作品として決定した（表4参照）。

　すべての応募作品は、本選会期中に空間部門の会場で展示された。
（今田 太一郎　岐阜高専）

＊文中の［　］内の3桁数字は、作品番号。

開催概要（予選）

予選審査

【日時】2017年9月24日（日）10:00～16:30
【会場】岐阜工業高等専門学校　1号館
【事務担当】
今田 太一郎、櫻木 耕史、清水 隆宏、鬼頭 彩、奥村 政充（岐阜高専）
【予選提出物】
プレゼンテーションポスター：A1判サイズパネル1枚（横向き）、3mm厚のスチレンボードに貼りパネル化
プレゼンテーションポスターの画像データ
【予選通過数】11作品（20人、7高専）

表4　予選──1次選考　投票集計結果（1人15票をめやす）

作品番号	作品名	高専名（キャンパス名）	宇野	若林	大宮	合計
024	俺たちの日常──倉庫から始まる集落再生計画	岐阜高専	●	●	●	3
135	時とともに…──７つのトキと地域の子育て空間	明石高専	●	●	●	3
016	ふたつの国をつなぐ橋	長岡高専		●	●	2
037	帰巣	小山高専	●	●		2
092	OCHIBA	明石高専	●		●	2
093	古い土地の新しい夜明け	明石高専	●		●	2
094	PoToPoTo ──ポトッポトッ	明石高専	●		●	2
098	ものづくりからものがたりがあふれるまち	秋田高専	●	●		2
104	じじばばは上をゆく	有明高専		●	●	2
124	創作の森	石川高専		●	●	2
131	堆積する煉瓦　蓄積する形跡	仙台高専（名取）	●		●	2
005	こころ──自然と繋がる私たち	釧路高専		●		1
007	路地ベーション──住民の住民による住民のための物語	釧路高専		●		1
010	共に旅するコンテナ群	釧路高専	●			1
012	てごおいねえ──子供は手に負えないねえ	サレジオ高専	●			1
025	静の佇まい──崇め守り伝え	米子高専			●	1
029	IReco　入れ子	大阪府立大学高専			●	1
032	学生のパレット	呉高専			●	1
034	残余空間	呉高専			●	1
035	よりみち みみつ	都城高専			●	1
036	新商人味噌蔵興復譚	小山高専			●	1
045	ニューまうんたうん	高知高専			●	1
047	不知火が灯る夜に──不知火を知る	熊本高専（八代）			●	1
049	日奈久の"ぬくもり"に癒される	熊本高専（八代）			●	1
052	紡ぎ 繋げる	熊本高専（八代）	●			1
057	不易流行	米子高専		●		1
062	きっかけの場所	米子高専		●		1
066	本当の姿を…	米子高専		●		1
084	知の地層──橋と広場の「あいだ」	明石高専		●		1
097	最後の空爆地「土崎」から平和の発信地「Tsuchizaki」へ	秋田高専			●	1
099	Memory Collection　記憶でつながる街	秋田高専			●	1
116	Book Quest──迷路で宝探し	舞鶴高専			●	1
118	線拓私──センタクシ	石川高専			●	1
126	あふれだす児童館	石川高専			●	1
140	モノとコトとピクニック	仙台高専（名取）			●	1
147	ネコのみぞ知る	仙台高専（名取）		●		1
150	伝統継承	仙台高専（名取）			●	1
155	杜ヲ 温ネテ 森ヲ 想フ	仙台高専（名取）	●			1
合計			15	15	21	51

＊表中の●は1票
＊表中の作品は、予選の1次選考通過38作品。票の入らなかった作品は未掲載
＊表中の　　は、予選通過作品

予選通過作品講評

本選に向けたブラッシュアップの要望

宇野 享（審査員長）

024 岐阜高専
俺たちの日常
—— 倉庫から始まる集落再生計画

037 小山高専
帰巣

062 米子高専
きっかけの場所

訪れる人々にその地域のナラティブを伝えることで、地域の新たなナラティブが生まれる……。その仕掛けを未利用の倉庫に見出した発想が興味深い。既存倉庫の改修という新たな仕掛けの後、次の展開や将来を示した具体的な提案を期待する。
どのような利用者を想定しているのか、どう使われるのか、住民の生活がどう変わっていくのかまで、プレゼンテーションで見せてほしい。
1階の開放部分の状態など、図面では不明瞭な点を模型でわかりやすく表現してほしい。

広域にわたる提案や建物改修が魅力的な提案である。模型での表現が難しい作品なので、たとえば計画地域に点在するシーンをシーケンシャル（逐次的）に画像で疑似体験できる表現や、単なる新築建物と誤解されない模型表現の工夫などに取り組んでほしい。
村の何を伝えたいのかがやや不明瞭なので、具体的に明示すること。田舎とは縁のない来訪者には新しい体験となるが、その体験の先に何が起こるのか。単なる観光で終わらせないナラティブな提案を見たい。

ネガティブな存在に正面から立ち向かい、ポジティブに考え直す取組みを評価。内部空間のつながり方が読み取りづらいので、下段に並ぶパース（透視図）を大きくし、その表現を工夫して、もう少し受け手が入り込める見せ方、連続していく空間の表現に配慮してほしい。
公害問題をポジティブにとらえて未来へつなげるという、ナラティブに対する作者の考えをもう少し明確に記述するとよい。

092 明石高専
OCHIBA

093 明石高専
古い土地の新しい夜明け

094 明石高専
PoToPoTo —— ポトッポトッ

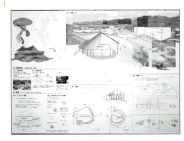

ここに集まる人々の活動が、積層された建物の場所ごと、階ごとにうまくまとめられていて、それをイメージさせる各場所のネーミングが良い。街にとってこの建物の役割が明解になるためには、接する路との関係が大事である。街との関わりを考えてまわりの街も一緒に元気になる提案を期待する。
街と建物のあり方、それに関わる人のアクション（行動）をイメージできるようにプレゼンテーションしてほしい。
言葉だけで、誰が読んでも空間をイメージできるように、ナラティブにとことんこだわって追求していくとよい。

社会的な課題であるスラム街をテーマに取り組んだ提案であり、住民の手で建築を作り上げるところもおもしろい。
たとえば、スラム街にも有益なコミュニティという面が存在するとすれば、それをいかに残して新しい街を作るのか——個人の領域を拡張していくのか、スラム街を再編成したいのか、重要なポイントを具体的に示してほしい。
行き場がない人が集まって自然発生した空間へこのシステムを適用することが、住環境の向上にどう影響を与えるのか、「未来に夢がある」と思わせる提案を期待する。提案のおもしろさが伝わる模型表現の工夫が必要である。

詩的なナラティブを建築と空間に表現している。そのナラティブを生み出すために、なぜ、この敷地を選んだのか、その物語やこの場所の可能性、窓ガラスから見える街や自然の景色と建築内の物語がどう関わっていくのかを知りたい。空間のイメージがわかるように図面の密度を高め、断面模型を作り込むことを期待する。
ただし、図面と模型の整合性に配慮し、建築と周辺環境との関わり方も示してほしい。

：数字は作品番号

⑭ 104　有明高専
じじばばは上をゆく

高齢者が安全に街を見守る提案がおもしろい。周囲とのつながりやプライバシーなど、デッキの架け方の詳細が見えるように図面をもっと大きく見せてほしい。このデッキを歩くことで生まれるナラティブとして、道中で何が見えるか、道幅の増減、高低差、斜面地の利用、デッキから街に降りられる所などを明示することで、ひたすら歩くだけではないデッキの魅力が表現されることを期待する。
提案の良さを理解するために、デッキの上と下の街の接点を模型などでわかりやすく見せてほしい。
同じ所を歩ける部分を設けるなど、じじばばと若い人の接点(ナラティブ)も考慮してほしい。

⑭ 126　石川高専
あふれだす児童館

大人のスケールの空間を水平方向の線で分割することで子供のスケール感に近づけている提案が良い。そこを強調するためには、水平材で子供と大人の距離感を変えている、または分けていることを、もっと明示する必要がある。この距離感の違いを表現するためには、コンセプトを一番率直に表せる場所を、縮尺の大きい模型で表現するとよい。
また、子供、親子、兄弟、祖父母と孫など、さまざまな関係性ごとに、どう遊べる空間になっているかを具体的に示してほしい。

⑭ 131　仙台高専(名取)
堆積する煉瓦　蓄積する形跡

地下に埋まる歴史的な下水道施設が持つナラティブを引き出す提案が興味深い。本提案の持つリアリティ(現実性)を判断できるように、対象となる下水道施設についてもっと詳しい情報を示してほしい。
下水道を利用するという資源活用はおもしろそうだが、それを未来へどうつなげるのかについて具体的に説明してほしい。
地上と地下の街の使い方を表現する、見ごたえのある断面模型を期待する。

⑭ 135　明石高専
時とともに…
――7つのトキと地域の子育て空間

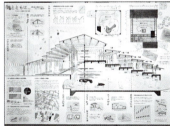

この楽しい秘密基地空間で育った子供の成長のことであろうか、本作品のナラティブのとらえ方が楽しいので、もっと具体的に示してほしい。断面に特徴があるので、パース(透視図)のイメージを崩さないように断面模型を作成してほしい。
段差を活用してボリュームを抑えた建物の高さと、街または通り(どこへつながるのかも明示したい)へとつながる低い床面とが、効果的に組み込める地形選定を期待する。

⑭ 155　仙台高専(名取)
杜ヲ　温ネテ　森ヲ　想フ
　　　タズ

小さな炭焼き小屋から、時間をかけて広大なランドスケープへつながる斬新な切り口を大事にしてほしい。
もし、森が増えていく過程を模型で表現できれば、本作品が考えるナラティブの説得力が増して良い。
また、なぜ川沿いを再生、再編しようと着想したのか、その後どう活用していくのかを、具体的に示してほしい。

＊2017年9月24日　予選審査後の発言をもとに作成

35

予選 144 作品

◯◯◯：数字は作品番号

空間デザイン

都市の寄居虫──地下50Mのシルクロード2027
001 豊田高専
◎山本 雄一[建設工学専攻専攻科2年]／小川 鉱輝[建築学科4年]

近世城下町が、現代のまちに生きる──平が天下を制する
002 福島高専
◎佐藤 優輝、木田 亜梨沙、木田 隆雅、緑川 太智[建設環境工学科5年]

LEAD STATION──繋がる駅
003 釧路高専
◎櫻井 大夢、林 優、加賀屋 綾汰[建築学科4年]

はしどい──地域をつなぐ架け橋
004 釧路高専
◎杉目 育太、濱中 大、宮下 悠介、吉田 雄飛[建築学科4年]

こころ──自然と繋がる私たち
005 釧路高専
◎佐藤 舞、武隈 弘典、田口 遥[建築学科4年]

神の遊び場
006 釧路高専
末光 由奈、髙津 綾乃、◎髙橋 なつき[建築学科4年]

路地ベーション──住民の住民による住民のための物語
007 釧路高専
◎三浦 麻加、小川 花音、中島 優輝[建築学科4年]

つなぐ──駅と釧路の活性化
008 釧路高専
◎鎌田 千穂、北村 優佳、島田 紗希、末永 野々香[建築学科4年]

炭鉱でナラティブ発掘。
009 釧路高専
◎原 健多郎、奥山 唯、森 眞隆[建築学科5年]
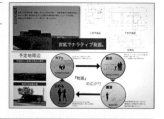

共に旅するコンテナ群
010 釧路高専
◎増田 悠一郎、松原 浩介(5年)、鈴木 逸太(3年)、宍戸 李衣(2年)[建築学科]

まちに恋するクジラ
011 釧路高専
◎鎌田 泰行、小西 正悟、ニューン・チヴォアン、沼田 知輝[建築学科5年]

てごおいねえ──子供は手に負えないねえ
012 サレジオ高専
◎伊藤 万央、奥 まりな(3年)、梅木 千夏、金子 花菜(2年)[デザイン学科]

36　デザコン2017 岐阜

いつでも。どこでも。

013 有明高専

◎宮崎 遥、毛利 智明[建築学科5年]

ちびばたかいぎの家

014 有明高専

◎吉村 花香、納富 可奈子[建築学科5年]

スキマジック

015 有明高専

◎安元 春香、竹村 麻衣佳、横山 悠人[建築学科5年]

ふたつの国をつなぐ橋

016 長岡高専

◎髙橋 真由[環境都市工学科5年]

伝統工芸品に囲まれた貸家

017 福井高専

◎中出 優花、久保 梓、福嶋 未空、山本 花凜[環境都市工学科3年]

ロボSUN── ロボットと太陽の力を借りた快適な暮らしを

018 福井高専

◎島脇 優里[環境都市工学科4年]

花を楽しむ住宅

019 福井高専

◎辻 祥平、田中 滉大、森 祥祐介、北川 敬介[環境都市工学科5年]

Shelter── 未来もずっと、ここに。

020 福井高専

◎高橋 未紗[環境都市工学科4年]

幻の敦賀城

021 福井高専

◎小島 亜素佳[環境都市工学科4年]

うつろい

022 福井高専

◎釜井 剣[環境システム工学専攻 専攻科1年]

Comfortable House using Bio-energy and Sun light
── 真の省エネから街の活性化に導く物語

023 福井高専

◎笠嶋 孝哉[環境都市工学科2年]

静の佇まい── 崇め守り伝え

025 米子高専

◎大本 裕也[建築学科4年]

予選 **144** 作品

空間デザイン

お産の家 —— 自然なお産を目指して

026 米子高専
◎天根 誓哉、髙田 慎哉、似内 瑞季［建築学科5年］

一刻の安らぎ —— 3分51秒と30分の緑

027 徳山高専
◎佐々野 祐太、江村 進太郎（5年）、佐藤 隼、水津 佑太（4年）［土木建築工学科］

barter bridge

028 有明高専
◎ヨス・チャンラダ、柴田 逸希、堺 菜子［建築学科5年］

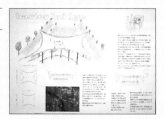

IReco 入れ子

029 大阪府立大学高専
◎佐藤 海［総合工学システム学科都市環境コース5年］／森 成諒、中村 龍威、加藤 啓太［総合工学システム学科2年］

ピースメッセージ・ボックス —— 折り鶴ととうろうの平和の灯

030 呉高専
◎西村 隆登、下雅意 彩加、杉原 芽依［建築学科5年］

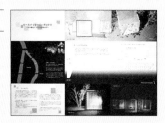

過去と現在を繋ぐトンネル

031 呉高専
◎矢野 太一、新原 光一郎、田村 梨緒［建築学科5年］

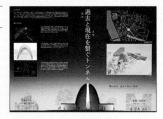

学生のパレット

032 呉高専
前本 哲志（5年）、◎田中 瑞希（4年）［建築学科］

LIGHT OF HOPE, REMEMBER HIROSHIMA

033 呉高専
◎伊藤 健太、村上 琴羽、羽原 敬人［建築学科5年］

残余空間

034 呉高専
◎前本 将志、宮本 皓章、白数 夏生、友田 奈那［建築学科5年］

よりみち みみつ

035 都城高専
◎朝倉 珠代、鹿屋 来未、徳元 愛［建築学科5年］

新商人味噌蔵興復譚（ネオショウニンミソグラコウフクタン）

036 小山高専
◎鈴木 理紗、前澤 実優（4年）、坂巻 蓮、小島 敬也（3年）［建築学科］

守破離 —— 益子焼きに魅了され、今日もまた人が集まる。

038 小山高専
◎田中 碧、川畑 祐貴［建築学科4年］

38　デザコン2017 岐阜

繋ぐ

039 高知高専

◎山崎 愛実、吉田 真悟、松崎 洸也［環境都市デザイン工学科5年］

龍馬の道

040 高知高専

◎岡田 涼雅、岡林 文太、澤村 光輝、横田 一誠［環境都市デザイン工学科5年］

人×漆喰

041 高知高専

◎田中 大貴、窪田 真衣（5年）、坂本 駿（4年）、平田 かれん（3年）［環境都市デザイン工学科］

なんにもなくてごめん──高知県南国市後免町商店街

042 高知高専

杉村 優斗、田下 晋之介、中澤 祐飛、山崎 大智［環境都市デザイン工学科5年］

n番目のはりまや橋

043 高知高専

◎岸田 菜奈、細木 真花、前田 梨沙［環境都市デザイン工学科5年］

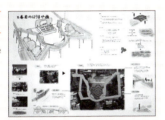

自然のながれを感じる

044 高知高専

◎市川 緑、大西 祐未、加島 奈々、谷本 和香奈［環境都市デザイン工学科5年］

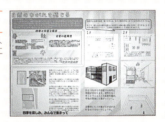

ニューまうんたうん

045 高知高専

◎伊与木 桜、岡村 春華、吉川 遥、田村 美里［環境都市デザイン工学科5年］

まち良し・歴史良し・ひとよし

046 都城高専

中野 遥香［建築学専攻専攻科1年］／◎矢野 和樹、永田 匠、西園 哲哉［建築学科5年］

不知火が灯る夜に──不知火を知る

047 熊本高専（八代）

◎今村 将太、ゾルバヤル・タミル（5年）、田場 海（4年）［建築社会デザイン工学科］

なぞときめぐる 玉虫姫の七つのお墓──進め！ 玉虫ちびっこ探検隊

048 熊本高専（八代）

柿坂 圭亮、熊宮 宗一郎（5年）、◎満丸 瑞杏（4年）［建築社会デザイン工学科］

日奈久の"ぬくもり"に癒される

049 熊本高専（八代）

松本 祐輔、松吉 悠珠、◎森重 孝太郎、タンニン・ダヴィッド［建築社会デザイン工学科3年］

紡 tsumugu

050 熊本高専（八代）

◎石本 恵、堀川 あかり、前田 理紗、吉海 光大［建築社会デザイン工学科5年］

ダムのあとさき+葉木の縁側力—— 日本初の廃ダムの里より

051 熊本高専（八代）

◎江里口 はるか、菅原 恭一、濱 佑樹［建築社会デザイン工学科4年］

紡ぎ 繋げる

052 熊本高専（八代）

◎松下 亘生、蔵原 周太朗（5年）、上原 大将、筧 絢賀（4年）［建築社会デザイン工学科］

歩こう、城下町。

053 熊本高専（八代）

◎竹下 彩夏、山田 宜功（5年）、武田 空、大塚 恵太郎（4年）［建築社会デザイン工学科］

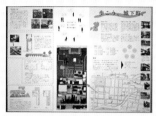

#川良い

054 熊本高専（八代）

◎福田 倉士、洲崎 琴美［建築社会デザイン工学科5年］

小学校は子どもが大好きだ—— 学童保育から始まる物語

055 米子高専

◎松下 隼、椿 帆乃茄［建築学科4年］

港のミュージアムロード—— 鬼太郎ロードのその先

056 米子高専

◎加藤 光佑［建築学科4年］

不易流行

057 米子高専

◎永田 孝一［建築学科4年］

空中の都市

058 米子高専

◎エルデネースレン・ガントゥルガ［建築学科4年］

モソム、ツナグ、オロチ—— とある田舎の鉄道のはなし

059 米子高専

◎田川 桜、目次 菜那、渡部 巴菜、ニック=イッファ=ハジラ・ピンチ=チュアン=スハイミ［建築学科5年］

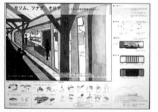

境界のない教会

060 米子高専

◎細田 洸、今野 凜音（5年）、福田 李怜、新田 菜々子（4年）［建築学科］

神の道 人の道—— 住吉のトンド

061 米子高専

◎轟木 龍介［建築学科4年］

仮暮らし—— 万葉の郷にできた21世紀型竪穴住居

063 米子高専

◎灘 真里奈、宮本 菜々子［建築学科4年］

イマを温ねて、コレカラを考える。

064 熊本高専（八代）

◎奥羽 未来、小柳 七海、清家 宏海、西崎 柊平［建築社会デザイン工学科3年］

ミセル フヤス ツナグ

065 米子高専

◎小林 大希、川崎 綾華［建築学科4年］

本当の姿を…

066 米子高専

◎小椋 一磨［建築学科4年］

50年後の未来を創造

067 米子高専

◎伊藤 寛佳、小西 夏美、八田 真緒、安田 みのり［建築学科4年］

新景観旧環境

068 米子高専

◎西村 亮佑［建築学科4年］

ミチ──繋がる田舎

069 豊田高専

◎小林 雅哉、仲村 広大（4年）、渡邉 涼太郎（3年）［建築学科］

matano PublicHall

070 米子高専

小池 佳子、◎貝田 莉菜、貝田 萌花、平山 勇利［建築学科5年］

Watch Museum

071 豊田高専

◎小林 和樹（4年）、徳島 秀人（3年）［建築学科］

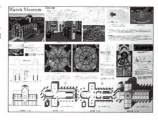

癒しの隣の憩い

072 近畿大学高専

◎鳥取 駿稀［総合システム工学科都市環境コース5年］

四季の宿

073 近畿大学高専

◎松原 壮兵［総合システム工学科都市環境コース5年］

technology in the air──自分の空間を自由に広げる

074 岐阜高専

◎林 幹也［建築学科5年］

海を眺め、山を望む

075 明石高専

◎木下 凌太朗［建築学科4年］

41

予選 **144** 作品

空間デザイン

まなびの船

076 明石高専

◎菱田 麻緒［建築学科4年］

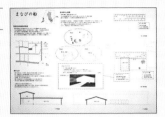

飾磨津をまつらう

077 明石高専

◎浦野 萌子［建築学科5年］

川湊ダイアリー

078 明石高専

◎中村 美貴［建築学科5年］

催す挙式空間

079 明石高専

◎香坂 朱音［建築学科4年］

ステレオタイプなしの遊び場

080 明石高専

◎リーソベアリット［建築学科4年］

Resurrection arcade

081 明石高専

◎櫻本 義人［建築学科4年］

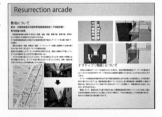

憩う広場──祭りの歴史を感じる

082 明石高専

◎奥村 琴乃［建築学科4年］

Drop of water fell on the surface of the water

083 明石高専

◎秋山 千記［建築学科4年］

知の地層──橋と広場の「あいだ」

084 明石高専

◎大桐 佳奈［建築学科4年］

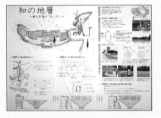

出会い、繋がる。

085 明石高専

◎楠本 真穂［建築学科4年］

カタリバ

086 明石高専

◎竹内 渉［建築学科4年］

都市の隙間 物語（ナラティブ）のたまり場

087 明石高専

◎麻生 美波［建築学科4年］

42　デザコン2017 岐阜

ものづくりから町へ──商店街の交流の発展

(088) 明石高専

◎松本 笑［建築学科4年］

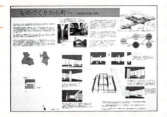

癒しの公園

(089) 明石高専

◎立花 拓也［建築学科4年］

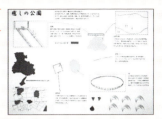

新・大和田城──幻の名を冠し、市民を守る防災公園

(090) 明石高専

◎多田 裕亮［建築学科4年］

であい　つなげる──駄菓子屋さんの復興

(091) 明石高専

◎冨田 咲嬉［建築学科4年］

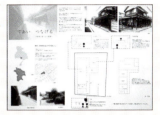

EDEN 21

(095) 秋田高専

◎伊藤 那央也（3年）、藤本 永鉄（2年）［環境都市工学科］

最期のナラティブとその継承

(096) 秋田高専

◎舘岡 浩志、中塚 大雅、森川 詳一（3年）、佐藤 風也（2年）［環境都市工学科］

最後の空爆地「土崎」から平和の発信地「Tsuchizaki」へ

(097) 秋田高専

佐藤 元気［環境システム工学専攻科2年］／◎佐藤 綾奈、北嶋 春香［環境都市工学科2年］／種倉 栞［創造システム工学科1年］

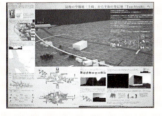

ものづくりからものがたりがあふれるまち

(098) 秋田高専

◎田口 元香、白川 光聖（5年）、菅原 未来（3年）［環境都市工学科］／三浦 奏大［創造システム工学科1年］

Memory Collection──記憶でつながる街

(099) 秋田高専

◎金森 彩夏、瀬川 森詩（4年）、大友 果南（3年）、木本 慧（2年）［環境都市工学科］

創造の拠点

(100) 明石高専

◎武政 悠生［建築学科4年］

香里交流園──出会いから紡ぎだす物語

(101) 大阪府立大学高専

◎平子 遼［総合工学システム専攻土木工学コース専攻科1年］

高架下を活かした地域の活性化

(102) 大阪府立大学高専

◎小林 竜也、阪本 留衣、福屋 諒大、山崎 竜太［総合工学システム学科都市環境コース4年］

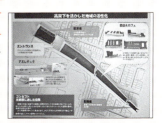

43

予選 **144** 作品

治水アドベンチャー
(103) 大阪府立大学高専
◎今堀 太雄、上野 亮登、岡田 晃暢、篠原 楓太［総合工学システム学科都市環境コース4年］

ひとつなぎ── ONE PIECE
(105) 熊本高専（八代）
◎吉塚 聖如由 、田中 彩世、津野 聖悟 、藤井 恵悟［建築社会デザイン工学科3年］

和でデザインする輪
(106) 熊本高専（八代）
◎松本 慶己、田邉 一香、中村 遊椰、丸尾 彰［建築社会デザイン工学科3年］

木賃と路地端
(107) 熊本高専（八代）
◎寺本 花音、柴田 漱士、田中 辰徳、馬原 雄一［建築社会デザイン工学科3年］

まちの屋台──さまざまなひと、さまざまな要素がからみ合い、地域に生まれる新たなナラティブ
(108) 明石高専
◎長澤 舞依［建築学科4年］

Salvage Market──廃棄物産業
(109) 明石高専
◎寺西 遥夏［建築学科5年］

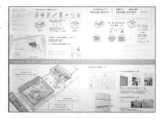

染まる街道
(110) 明石高専
◎横山 敦美［建築学科4年］

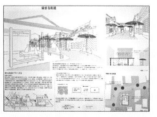

えぼし子の故郷
(111) 石川高専
◎宇野 ミシェレルイゼ、キム・カエウ・オンキア（5年）、小林 桃子、バトボルト・バラス（4年）［建築学科］

いきいきひなぐ
(112) 熊本高専（八代）
◎田代 このは、佐藤 希一、髙橋 祐貴、有薗 一晴［建築社会デザイン工学科3年］

日奈久の町に人と人との交流を生み出したい
(113) 熊本高専（八代）
◎栃原 政明、佐藤 玲太、瀬戸口 太一、丸尾 翔太［建築社会デザイン工学科3年］

みどりの丘
(114) 近畿大学高専
◎伊藤 侑貴［総合システム工学科都市環境コース5年］

陽だまり人だまり
(115) 舞鶴高専
◎齊藤 タクヤ、長瀬 朝暉［建設システム工学科3年］

空間デザイン

Book Quest──迷路で宝探し

(116) 舞鶴高専

◎村上 龍紀、小松 千沙（3年）、
丹羽 周佑（2年）［建設システム工学科］

温故知新

(117) 舞鶴高専

◎河野 奏太、岡下 大陸（3年）、
山田 瀬奈、西村 晃虎（1年）
［建設システム工学科］

線拓私──センタクシ

(118) 石川高専

◎大江 遼平、大友 尚（5年）、
本田 陸（4年）［建築学科］

日奈久紀行

(119) 熊本高専（八代）

◎村上 瑞規［建築社会デザイン工
学科3年］

かたむすび

(120) 石川高専

◎山本 麟太郎［環境建設工学専攻
専攻科1年］／佐々木 玲、
笹嶋 あゆみ、吉田 祐子［建築学科
4年］

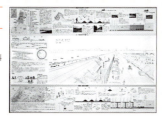

マチの家具──住宅以上教室未満でつなぐ住宅地と温泉街

(121) 石川高専

◎吉田 大起（5年）、北口 建、
谷口 あいり、谷口 菜見（4年）
［建築学科］

日奈久巡り

(122) 熊本高専（八代）

◎大塚 初音、中山 正人、
廣渡 進次郎、山口 遙斗［建築社
会デザイン工学科3年］

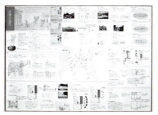

現代で、根を張る

(123) 石川高専

◎鍋本 知江、西出 朋晃（5年）、
岡本 貴郁（4年）［建築学科］

創作の森

(124) 石川高専

◎坪田 咲（5年）、表 千笑、
酒井 練（4年）［建築学科］

繋がり

(125) 熊本高専（八代）

◎小田 七海、徳永 和也、
中村 空雅、山本 慶喜［建築社会デ
ザイン工学科3年］

入り込む道、新たなる街

(127) 仙台高専（名取）

◎庄司 友貴（5年）、遠藤 哲平（4
年）、齊藤 大貴（2年）［建築デザ
イン学科］

コレクティブ商店街

(128) 舞鶴高専

◎谷口 竜一、高橋 明也（3年）、
田中 詩小（2年）、今村 恒規（1年）
［建設システム工学科］

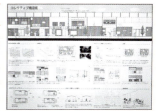

予選 **144** 作品

空間デザイン

港が語る
(129) 舞鶴高専
◎矢野 裕貴[建設システム工学科3年]

南三陸の復興櫓
(130) 仙台高専（名取）
◎大畑 順平[生産システムデザイン工学専攻専攻科2年]

緑にむかうまち
(132) 仙台高専（名取）
◎佐藤 諒、佐藤 愛理奈[建築デザイン学科5年]／渡邉 天翔[総合工学科Ⅲ類1年]

アタッチメント
(133) 仙台高専（名取）
◎渡辺 響介[生産システムデザイン工学専攻専攻科2年]／佐々木 美優[建築デザイン学科4年]／村主 太陽、吉光 賢太郎[総合工学科Ⅲ類1年]

Bus Room
(134) 仙台高専（名取）
◎永井 誠人、石田 ひかり、佐藤 悠貴[建築デザイン学科5年]

繋けるまち
(136) 仙台高専（名取）
◎小林 祐也[生産システムデザイン工学専攻専攻科2年]／黒沢 駿（5年）、鈴木 裕佳（4年）、日下 葵（3年）[建築デザイン学科]

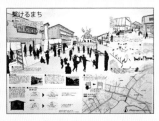

湯が紡ぐ
(137) 明石高専
◎恒藤 諒[建築学科4年]

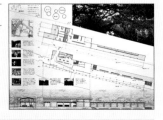

歩いて物語を創ってゆく──町全体を一つの本に
(138) 明石高専
◎小山 真緒[建築学科4年]

海と生きるまち
(139) 明石高専
◎野波 祐希[建築学科4年]

モノとコトとピクニック
(140) 仙台高専（名取）
◎倉澤 由衣佳[生産システムデザイン工学専攻専攻科2年]／櫻井 佑斗（5年）、高橋 一輝（3年）、水間 功太（2年）[建築デザイン学科]

環濠コンバージョン
(141) 明石高専
◎岡本 陸[建築学科5年]

MOTOKOH REBOOT PROJECT
(142) 明石高専
◎檀野 航[建築学科5年]

きのうの街　きょうの街　あしたの街

(143) 仙台高専（名取）

◎庄司 薫平［生産システムデザイン工学専攻専攻科2年］／
村上 幸音（5年）、佐藤 加歩（2年）
［建築デザイン学科］／草野 美有
［総合工学科Ⅲ類1年］

歌と本に親しむカフェ

(144) 明石高専

◎菅 智子［建築学科4年］

輪が家——和から輪へ

(145) 明石高専

◎國塩 侑加［建築学科4年］

人と街を繋ぐ青空旅館

(146) 仙台高専（名取）

◎佐藤 智哉［生産システムデザイン工学専攻専攻科1年］／
日下 瑞菜
［建築デザイン学科4年］／
菅野 瑞七［総合工学科Ⅲ類1年］

ネコのみぞ知る

(147) 仙台高専（名取）

◎橘場 健、桃澤 峻介［生産システムデザイン工学専攻専攻科1年］
／小岩 朝土（5年）、清水 夏鈴（2年）［建築デザイン学科］

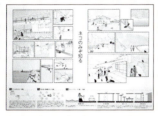

颯爽と走り抜けるモノレールの記憶——たった8年を未来に

(148) 明石高専

◎松本 野々［建築学科4年］

軒下文花繋ぎ

(149) 仙台高専（名取）

◎中島 祐介［生産システムデザイン工学専攻専攻科2年］／
村形 文恵（5年）、佐々木 大和（3年）［建築デザイン学科］／
村上 幸祐［総合工学科Ⅱ類1年］

伝統継承

(150) 仙台高専（名取）

◎大沼 亮太郎（5年）、
鈴木 ほの香（4年）［建築デザイン学科］／後藤 咲乃［総合工学科Ⅲ類1年］

追憶の組木——超長期セルフビルドによる次世代の地域創生

(151) 仙台高専（名取）

◎遠藤 空瑠（5年）、石母田 真以、橋爪 冴英（4年）［建築デザイン学科］／谷藤 匠［総合工学科Ⅲ類1年］

水に沿う

(152) 明石高専

◎松家 雅大［建築学科4年］

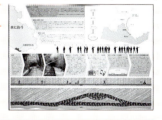

あかしと歩く空間

(153) 明石高専

◎谷口 陸［建築学科4年］

人と歴史と商店街をつなぐ駅

(154) 明石高専

◎西尾 亮二［建築学科4年］

47

審査員紹介

空間デザイン

審査員長
宇野 享
うの すすむ

建築家、大同大学 教授

1963年　岐阜県生まれ
1988年　東京電機大学工学部建築学科卒業
1988-89年　阿久井喜孝計画研究室　在籍
1989年　シーラカンス一級建築士事務所　在籍
1995年　パートナー
1998年　C+A（シーラカンスアンドアソシエイツ）に改組
2005年　CAn（C+Aナゴヤ）に改組。CAnパートナー
2006-08年　大同大学工学部建築学科　准教授
2008年-　同　教授

主な建築
『Gullwings House』（1997年）、『岐阜の住宅／ホワイトステージ』（1998年／1998年中部建築賞）、『朝日新聞秋田支局』（1999年／1999年ニューオフィス推進賞、1999年東北通商産業局長賞）、『ビッグハート出雲』（1999年）、『養老町の家』（2003年）、『ぐんま国際アカデミー』（2005年／2006年太田都市景観賞一般の部大賞、2006年American Wood Design Awards 優秀賞、2007年日本建築学会作品選奨、2007年日本建築家協会賞）、『小牧の集合住宅』（2005年）、『名古屋大学赤崎記念研究館』（2006年）、『幕張インターナショナルスクール』（2009年／2010年第13回木材活用コンクール理事長賞、2011年日本建築学会作品選奨）、『東邦ガススマートエネルギーハウス「アスパラガスハウス」』（2013年／2013年パッシブデザインコンペ2013住宅部門秋元賞）、『風の街やぴら』（2014年／2017年日本建築学会作品選奨、2017年医療福祉建築賞）、『あぶくま更生園』（2015年／2017年木の建築賞）、『HASE-BLDG.1』『北方町庁舎』『東洋育成園』（2016年）など

主な著書、寄稿
『シーラカンス JAM』（共著、1997年、TOTO出版）、『シーラカンス』（共著、『SD』9807号、1998年、鹿島出版会）、「特集：C+A／シーラカンスアンドアソシエイツ」（共著、『建設ジャーナル』2010.04号、2010年、KJ）など

若林 亮
わかばやし まこと

建築家、
日建設計　執行役員設計部門代表

1961年　石川県山中温泉生まれ
1981年　石川工業高等専門学校建築学科卒業
1983年　豊橋技術科学大学建設工学課程卒業
1985年　豊橋技術科学大学大学院建設工学系修了
　　　　日建設計　入社
現在　日建設計　執行役員設計部門代表

主な建築
『掛川市庁舎』（1996年／1997年建築業協会賞、1998年日本建築学会作品選奨、2000年公共建築賞／最優秀賞建設大臣表彰）、『瀬戸市立品野台小学校』（1999年／2001年建築と社会賞、2005年JIA環境建築賞 優秀賞）、『トヨタインスティテュートグローバルラーニングセンター』（2003年／2005年サステナブル建築・住宅賞、国土交通大臣賞）、『高山市立南小学校』（2004年／2005年日事連建築賞 優秀賞）、『栄三丁目ビル LACHIC』（2005年／2005年中部建築賞、2006年愛知まちなみ建築賞、名古屋都市景観賞）、『岐阜県警察本部庁舎』（2006年／2008年日本建築学会作品選集）、『鈴鹿市立旭が丘小学校』（2007年／2008年公立学校優良施設表彰文教施設協会賞）、『モード学園スパイラルタワーズ』（2008年／2009年JIA優秀建築選、愛知まちなみ建築賞大賞）、『名古屋ビルディング』（2009年／JIA優秀建築選）、一宮市医師会館・保健センター（2009年／2011年愛知建築士事務所協会会長賞、2014年公共建築賞優秀賞）、『愛知県立芸術大学音楽学部棟』（2013年／2014年JIA優秀建築選、2015年愛知まちなみ建築賞）、『愛知時計電機新本社ビル』（2013年／2015年名古屋まちなみデザインセレクションまちなみデザイン貢献賞）、『大塚グループ大阪本社大阪ビル』（2014年／2016年大阪建築コンクール大阪府知事賞、2017年日本建築士会連合会賞奨励賞）、『真宗教化センターしんらん交流館』（2015年／2016年 International Design Awards Bronze、2017年京都建築賞入選）など

主な活動
名古屋工業大学　非常勤講師（2001-03年）、豊橋技術科学大学非常勤講師（2005-07年）、名古屋大学非常勤講師（2007-08年）、大阪府建築士事務所協会副会長（2012年-現在）など

大宮 康一
おおみや こういち

言語学者、岐阜大学　准教授

1977年　宮城県生まれ
2001年　名古屋大学文学部人文学科卒業
2002-03年　アイスランド大学に留学（アイスランド、レイキャビク）
2004年　名古屋大学大学院文学研究科博士前期課程（言語学）修了
2010年　名古屋大学大学院文学研究科博士後期課程（言語学）単位取得満期退学
2012年　岐阜大学研究推進・社会連携機構特任助教
2013年　岐阜大学地域協学センター　特任准教授
2017年-　岐阜大学地域協学センター　准教授

主な活動
専門は言語学で、現代アイスランド語が研究対象。アイスランドでの広域的な現地調査を通じて、アイスランド語の言語変化について研究している。

岐阜大学では、北欧諸国の言語を紹介しながら、外国語を知ることで日本語や自身の方言がよく見えてくることを学ぶ講義「外国語と地域の方言」などを担当。また、地域志向人材を育成する教育プログラム「岐阜大学次世代地域リーダー育成プログラム」に携わり、学生とともに地域に出てフィールドワークをするなど、大学と地域との連携活動にも深く関わっている。

主な著書
『ゲルマン語基礎語彙集』（共著、2015年、大学書林）など

構造
デザイン部門

課題テーマ
そこのけそこのけ、王者が通る

今日、私たちの生活を支える橋梁（ブリッジ）は、戦国の代にあっては、防御・侵略の要であり、橋を制することは天下を制することにも通じた。岐阜は、天下統一に大きな役割を果たした、信長、秀吉そして家康と、三英傑と呼ばれる武将 縁（しょうゆかり）の地である。

昨年同様、銅を使った橋梁が課題だが、耐荷性能試験には戦略的な要素を組み込んだ。「天下人」になるには、橋の様子や他者の結果を見ながら戦略を立て、進軍か撤退かの判断が必要となる。

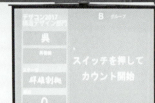

■ 本選参加作品　**56**

タイムライン
本選
2017.10.16-10.20　エントリーシート提出
2017.11.20-11.24　プレゼンテーションポスターのデータと作品質量の提出
　　　　　　　　　仕様確認
2017.12.02　審査員審査
2017.12.03　耐荷性能試験
　　　　　　講評

■ 受賞作品　**6**

最優秀賞（国土交通大臣賞）
㉙ 徳山高専『紡希』
優秀賞
④ 小山高専『Reinforce B』
優秀賞（日本建設業連合会会長賞）
⑳ 福島高専『剛橋無双』
審査員特別賞
㉜ 米子高専『礎』
㊶ 呉高専『再善線』
日刊建設工業新聞社賞
㉟ 松江高専『真田軍扇』

50　デザコン2017 岐阜

最優秀賞
国土交通大臣賞
29 徳山高専

天下人　　　　　　　　　　　　　　　　　　　　　　　　　　　質量：526g　　総得点：99.0

紡希（つむぎ）

小山 諒子［環境建設工学専攻専攻科2年］／◎藤永 りさ、横屋 翔（4年）、中村 智哉、河村 篤志（3年）角井 夕莉（1年）［土木建築工学科］　　担当教員：海田 辰将［土木建築工学科］

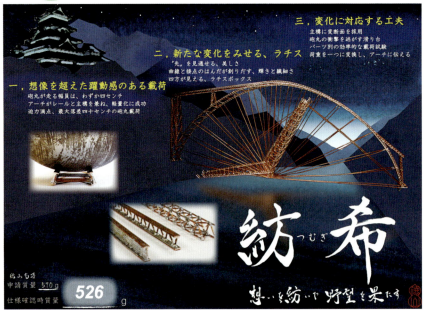

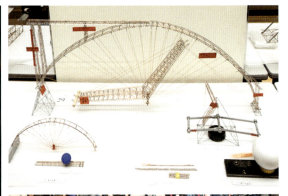

審査講評
▶細い銅線を組み合わせたラチス構造[*1]により圧縮力と曲げモーメント[*2]に対する強度を確保し、静的荷重を受ける部分と移動荷重を受ける部分を明確に分離した構造になっている。ラチス構造の製作精度を上げるための工夫や、ていねいな接合など、細かな工夫が随所に見られた。構造方式の工夫と高い製作精度により強度と軽量化を両立できている。　（岩崎 英治）

註
*1 ラチス構造：2つの平行な部材の間を補強材でジグザグ状につないだ構造方式
*2 曲げモーメント：部材を曲げる方向に作用するモーメント。力の作用した点や軸を中心に回転する方向に部材を変位させようと作用する力

構造デザイン

52　デザコン2017 岐阜

＊52～57、71～83ページの氏名の前にある◎印は学生代表
＊高専名の上または左にある2桁数字は作品番号
＊作品名の上の「天下人」「家康」「秀吉」「信長」は、「群雄割拠ステージ」を突破し、「天下統一ステージ」で各宣言を達成したことを示す
　「群雄割拠」は「群雄割拠ステージ」で敗退、「参戦不能」は載荷できなかったことを示す
＊総得点は、小数点以下第2位を四捨五入

優秀賞 04 小山高専

天下人
Reinforce B

質量：530g　総得点：95.0

◎汐待 駿栄、田﨑 朱莉花、鳥羽 潤、大勝 圭輝（4年）、髙橋 碧（3年）［建築学科］
担当教員：堀 昭夫［建築学科］

構造デザイン

審査講評
▶非対称な位置に作用する静的荷重を考慮した非対称なアーチ構造とすることで、力学的な合理性とデザイン美を追求している。また、圧縮力や曲げモーメント[*2]の作用する部材には、銅線を積層させて接着した板状の部材を用いるなど、さまざまな工夫が施され、本作品のコンセプトである「構造的合理性とデザイン美の追求」を実現できている。
（岩崎 英治）

註　*2　曲げモーメント：本書52ページ註2参照

54　デザコン2017 岐阜

優秀賞 日本建設業連合会会長賞
20 福島高専

天下人
剛橋無双

質量：1,316g　総得点：95.0

＊日本建設業連合会会長賞は、第3位の作品に授与

◎原田 一宏、平田 雄大（3年）、飯高 優翔、佐藤 玄佳（2年）[建設環境工学科]／土屋 裕、比佐 玲香 [都市システム工学科1年]　担当教員：加村 晃良 [都市システム工学科]

【コンセプト】小型のユニットトラスによる吊り桁形式のタイドアーチ橋

審査講評
▶タイドアーチ[*3]による吊桁形式で移動荷重を受ける構造になっている。ユニット・トラス[*4]の断面形状をM字とした独自の「M（無双）システム」による製作精度の向上と効率化に加え、アーチの成型（作り方）などに細かな工夫が見られ、アーチの構造美と高い強度を両立できている。
（岩崎 英治）

註
＊3　タイドアーチ：アーチが両端で路部分（水平材）と交差し、下側まで伸びるアーチ構造（形状）の総称
＊4　ユニット・トラス：トラス構造＝三角形の組合せで構成する構造形式で部材を組み上げたユニット

審査員特別賞 32 米子高専

秀吉　　　　質量：382g　総得点：72.0

礎

◎須藤 郁美（5年）、林 暉、和田 虎之慎、年岡 玲央、小椋 陽花、高嶋 優里（4年）[建築学科]
担当教員：北農 幸生[建築学科]

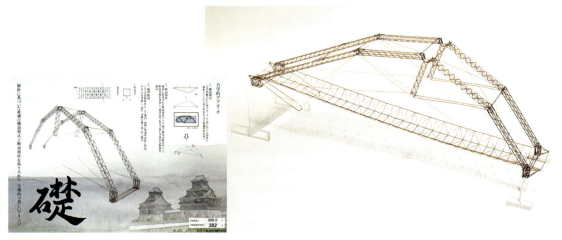

審査講評
▶曲げモーメント分布形状*5 を取り入れた合理的で美しい構造形態となっている点を評価した。また、ラチス構造*1 部分の部材の製作精度が高く、加工と接合もていねいで、全作品の中で最軽量であった。そして、最軽量でありながら「群雄割拠ステージ」をクリアしたことが、受賞につながった。（岩崎 英治）

註　*1　ラチス構造：52ページ註1参照
　　*5　曲げモーメント分布形状：部材の各所にかかる曲げモーメントの数値をグラフ化した図。グラフと同じ形状の橋＝力学的に合理性が高い

審査員特別賞 41 呉高専

家康　　　　質量：475g　総得点：66.0

再善線

◎中本 大暉（5年）、空 舞花、田中 歩希（3年）、栄井 志月、藤本 直人（2年）、松下 芽生（1年）[建築学科]
担当教員：松野 一成、光井 周平[建築学分野]

審査講評
▶銅線を積層させて接着した板状の部材をアーチリブ*6、固定荷重の支持点と移動荷重を支えるレール部に用いるという工夫をしているが、その完成度の高さを評価した。また、非常にていねいな加工と接合によって、スレンダーな美しさを表現できている。さらに、非対称なアーチ形状にすることで力学的な合理性も追求していることが、受賞につながった。（岩崎 英治）

註　*6　アーチリブ：アーチ構造を構成する円弧状の部材

日刊建設工業新聞社賞 35 松江高専

信長

真田軍扇

質量：607g　総得点：60.3

◎遠藤 和弥、山崎 綾乃、石橋 康貴（4年）、小竹 勇平（1年）[環境・建設工学科] ／中川 景太 [機械工学科3年]
担当教員：武邊 勝道 [環境・建設工学科]

審査講評

▶移動荷重を支持する桁部は、銅線をラチス構造[*1]にして曲げ剛性[*7]を確保し、圧縮力が卓越するアーチ部は、銅線を積層して重ねることで剛性を確保する構造になっている。固定荷重の支持部材と橋門構[*8]に施された、鉄球の通路の空間を確保しながら剛性を確保する工夫を評価した。また、銅線の加工と接合をていねいに行なっていることが、受賞につながった。　（岩崎 英治）

註　*1　ラチス構造：52ページ註1参照
　　*7　曲げ剛性：部材の曲げ変形のしにくさ
　　*8　橋門構：橋の両端部（入口）で、路の両側の上弦材を水平方向に結ぶ構造体。アーチ構造、トラス構造の橋に特有な構造

57

本選

本選審査総評

天下人をめざすチームワーク

岩崎 英治（審査員長）

非対称な荷重と移動荷重で難易度アップ

今大会の課題は、銅線を素材としたメタルブリッジ（橋梁）を製作して、耐荷性能、デザイン性、質量を競うものであった。そして、耐荷性能試験では、左右非対称な位置へのおもりによる荷重と、鋼球を通すことによる移動荷重がブリッジ（製作物）に作用した。銅線によるブリッジの課題は3回めだが、今回は、ブリッジが非対称な固定荷重と移動荷重を受けることになり、難易度はかなり上がっている。

審査では、審査得点と競技得点の合計で作品を評価した。審査得点は、審査員審査を通して、作品のデザイン性、製作や加工上の工夫、プレゼンテーションの内容について採点し集計。競技得点は耐荷性能試験の結果により算出された。競技得点には、構造物の強さだけでなく、おもりの載荷を追加して次の競技過程に進むかどうかの判断も影響した。全56作品の中には、はじめて海外から参加したモンゴル国合同高専[1]の作品もあり、国際性と活気に満ちた大会となった。

参加作品は、構造形式で大きく分類すると、アーチ構造形式[2]、山形トラス構造形式[3]、ラーメン構造形式[4]に分かれた。今回の載荷は、左右非対称な位置に固定荷重が作用することから、非対称な構造形式の作品も見られた。製作・加工上の工夫に関しては、銅線によるブリッジの課題が3回めということもあってか、ていねいで緻密な加工を施したブリッジが多かった。いくつか例を挙げると、非常に曲がりやすい材質である銅線を真っ直ぐな状態に保持するために、ねじり加工を導入したブリッジ、トラス構造をユニット状の部材に分けて組み上げたブリッジ、銅線加工用の治具を用いたブリッジ、ハンダの使用量を極力抑えて銅の色合いを生かしたブリッジなどである。

先の過程に進むか止めるかも作戦だったが

耐荷性能を競う競技（耐荷性能試験）は、2つのステージに分かれていた。最初の「群雄割拠ステージ」では、ブリッジに10kgf[5]のおもりを3回に分けて載荷し、合計30kgfの載荷状態を10秒間保持する必要がある。これをクリアすると上のステージに進むことができる。「天下統一ステージ」では、ブリッジに5kgfのおもり

を載せた状態で10秒間保持し、続いて5kgfの鋼球（砲丸＝「砲弾」）を橋の一端から投球して（砲弾流し）、無事に反対側の鋼球（砲弾）受けに到達（着弾）すると、次のおもりの載荷と「砲弾流し」に進むことができる。これを繰り返し3つのトライアルをクリアすると天下統一した「天下人」として満点の70点が得られる。その一方、競技者の裁量により途中で競技を打ち切ることもできた。さらなる載荷や「砲弾流し」にチャレンジして、荷重に耐えられずにブリッジが壊れたり、転がした「砲弾」が「砲弾受け」に入らないなど、競技に失敗した場合には、チャレンジしなかった場合よりも競技得点が低くなるリスクがある。つまり、載荷トライアル競技の先の段階に進むか終了するかの作戦も、競技得点に影響するルールになっていた（本書68ページ～応募要項と競技内容〈要約〉参照）。しかし、今回はチャレンジ精神の旺盛な学生ばかりで、途中で競技を打ち切るチームは1つもなかった。

耐荷性能だけでなく軽量化へもこだわり

例年と違って、今回の審査基準には、ブリッジの軽量化は直接的に含まれていないため、競技点では非常に重厚なブリッジが有利なのではないか、と予想されていたが、1kgを切る軽量ながら天下統一を成し遂げたブリッジが多数あった。単に耐荷性能を優先するだけでなく、デザイン性や軽量化へのこだわりを持ち続けたチームが多かったことは興味深いことだった。
軽量なブリッジには、構造的な合理性を追究し、製作や加工を工夫して精密に仕上げたものが多く、デザイン性や製作・加工上の工夫を対象とした審査点で高い評価を得た。そして、耐荷性能と軽量化の追究に加えて、デザイン性を備え、独自の工夫が見られるブリッジが、総得点で上位を占めた。製作者の創意工夫と努力の賜物であったと思う。

非対称な荷重と鋼球による移動荷重を受ける橋の製作は、試行錯誤や創意工夫を要する難しい課題であったと思うが、参加したすべての学生は、今回のデザコンを通じてチームワークの大切さを学び、貴重な経験ができたのではないだろうか。

註 ＊1 モンゴル国合同高専：新モンゴル高専、モンゴル国立科学技術大学付属高専、モンゴル高専の学生による合同チーム
＊2 アーチ構造形式：アーチ形に部材を組み上げた構造形式
＊3 山形トラス構造形式：三角形の組合せで構成する部材を上側に出っ張った形状に組み上げた構造形式
＊4 ラーメン構造形式：直方体に組まれた垂直材（柱）と水平材（梁）を剛接合した構造形式
＊5 kgf：重量キログラム。重さ、重力、力、荷重など物体にかかる力を表す単位。地球上では、10kgfは10kgの物体にかかる力（重力）

表1 総合順位

構造デザイン

受賞	宣言	作品番号	高専名（キャンパス名）	作品名	競技点 [70点]	競技得点 [70点]	審査得点 [30点]	合計得点 [100点]	測定質量 (g)	申請質量 (g)	質量判定	係数1	係数2	総得点 [100点]	順位
最優秀賞*1	天下人	29	徳山高専	紡希	70	70.00	29	99.00	526	570	-7.72	1.00	1.00	99.0	1
優秀賞	天下人	04	小山高専	Reinforce B	70	70.00	25	95.00	530	620	-14.52	1.00	1.00	95.0	2
優秀賞*2	天下人	20	福島高専	剛橋無双	70	70.00	25	95.00	1,316	1,317	-0.08	1.00	1.00	95.0	3
	天下人	55	仙台高専（名取）	無敵艦隊 あまだー	70	70.00	25	95.00	1,584	1,688	-6.16	1.00	1.00	95.0	4
	天下人	42	呉高専	三本の矢	70	70.00	24	94.00	650	670	-2.99	1.00	1.00	94.0	5
	天下人	54	仙台高専（名取）	橋環	70	70.00	24	94.00	712	751	-5.19	1.00	1.00	94.0	6
	天下人	03	金沢高専	Arch of Pillar	70	70.00	24	94.00	1,065	1,097	-2.92	1.00	1.00	94.0	7
	天下人	02	神戸市立高専	神戸、待望の初アーチ	70	70.00	24	94.00	1,161	1,250	-7.12	1.00	1.00	94.0	8
	天下人	31	阿南高専	Leaves	70	70.00	24	94.00	2,121	2,125	-0.19	1.00	1.00	94.0	9
	天下人	48	秋田高専	新国銅	70	70.00	23	93.00	572	573	-0.17	1.00	1.00	93.0	10
	天下人	10	鹿児島高専	関ケ原敵中突破！	70	70.00	23	93.00	905	906	-0.11	1.00	1.00	93.0	11
	天下人	13	石川高専	馬路ツェーゲン橋	70	70.00	23	93.00	1,977	1,978	-0.05	1.00	1.00	93.0	12
	天下人	27	苫小牧高専	橋王	70	70.00	23	93.00	2,505	2,510	-0.20	1.00	1.00	93.0	13
	天下人	14	明石高専	翔弦	70	70.00	22	92.00	1,296	1,300	-0.31	1.00	1.00	92.0	14
	天下人	05	有明高専	下弦の月千代	70	70.00	21	91.00	1,003	998	0.50	1.00	1.00	91.0	15
	天下人	09	岐阜高専	「へ」ばし	70	70.00	20	90.00	1,239	1,240	-0.08	1.00	1.00	90.0	16
	天下人	12	石川高専	Stone River Bridge	70	70.00	20	90.00	1,279	1,300	-1.62	1.00	1.00	90.0	17
	天下人	46	福井高専	米	70	70.00	19	89.00	1,349	1,350	-0.07	1.00	1.00	89.0	18
	天下人	39	和歌山高専	ダンゴムシ	70	70.00	18	88.00	1,113	1,200	-7.25	1.00	1.00	88.0	19
	天下人	38	和歌山高専	荷重にコミットⅡ	70	70.00	17	87.00	1,073	1,200	-10.58	1.00	1.00	87.0	20
	天下人	36	一関高専	橋姫	70	70.00	16	86.00	3,424	3,420	0.12	1.00	1.00	86.0	21
	天下人	40	旭川高専	建豪三本勝負	70	70.00	16	86.00	3,981	4,140	-3.84	1.00	1.00	86.0	22
	天下人	37	八戸高専	陸奥国糠部部	70	70.00	15	85.00	3,482	3,550	-1.92	1.00	1.00	85.0	23
	天下人	45	東京都立産業技術高専（品川）	ヤマト	70	66.50	14	80.50	6,166	6,200	-0.55	0.95	1.00	80.5	24
審査員特別賞	秀吉	32	米子高専	礎	45	45.00	27	72.00	382	400	-4.50	1.00	1.00	72.0	25
	家康	28	徳山高専	双兜	40	40.00	27	67.00	640	640	0.00	1.00	1.00	67.0	26
審査員特別賞	家康	41	呉高専	再善線	40	38.00	28	66.00	475	495	-4.04	1.00	1.00	66.0	27
	秀吉	56	モンゴル国合同高専*3	デザコンへの橋	45	45.00	21	66.00	768	850	-9.65	1.00	1.00	66.0	28
	家康	07	舞鶴高専	転がる砲丸、下から見るか？ 横から見るか？	40	40.00	25	65.00	548	549	-0.18	1.00	1.00	65.0	29
	秀吉	24	新居浜高専	担担	45	45.00	20	65.00	645	648	-0.46	1.00	1.00	65.0	30
	家康	06	舞鶴高専	絶巓	40	40.00	24	64.00	579	580	-0.17	1.00	1.00	64.0	31
	家康	18	近畿大学高専	大黒天	40	38.00	25	63.00	499	499	0.00	0.95	1.00	63.0	32
	家康	11	津山高専	歩	40	40.00	23	63.00	821	880	-6.70	1.00	1.00	63.0	33
	天下人	23	長岡高専	義	70	70.00	19	89.00	2,783	2,787	-0.14	1.00	0.70	62.3	34
	天下人	15	大阪府立大学高専	僕と私のひっかけ橋	70	70.00	19	89.00	3,647	3,700	-1.43	1.00	0.70	62.3	35
	家康	30	阿南高専	武双	40	40.00	21	61.00	2,548	2,550	-0.08	1.00	1.00	61.0	36
日刊建設工業新聞社賞	信長	35	松江高専	真田軍扇	35	33.25	27	60.25	607	605	0.33	0.95	1.00	60.3	37
	天下人	01	高知高専	帝18号	70	70.00	15	85.00	2,934	2,936	-0.07	1.00	0.70	59.5	38
	信長	43	群馬高専	武蔵	35	35.00	24	59.00	708	750	-5.60	1.00	1.00	59.0	39
	信長	25	新居浜高専	転転	35	35.00	23	58.00	582	583	-0.17	1.00	1.00	58.0	40
	群雄割拠	49	秋田高専	C+u	30	30.00	24	54.00	608	611	-0.49	1.00	1.00	54.0	41
	群雄割拠	33	米子高専	稲二郎	30	28.50	25	53.50	409	420	-2.62	0.95	1.00	53.5	42
	群雄割拠	52	香川高専（高松）	たかはしⅡ	30	30.00	23	53.00	823	822	0.12	1.00	1.00	53.0	43
	信長	17	近畿大学高専	BENTEN	30	30.00	21	51.00	842	845	-0.36	1.00	1.00	51.0	44
	信長	47	福井高専	ガチン橋	30	30.00	21	51.00	1,315	1,511	-12.97	1.00	1.00	51.0	45
	信長	26	苫小牧高専	最&鋼	30	30.00	20	50.00	1,837	1,842	-0.27	1.00	1.00	50.0	46
	信長	19	福島高専	桃源橋	25	25.00	22	47.00	1,158	1,160	-0.17	1.00	1.00	47.0	47
	秀吉	53	香川高専（高松）	オリーブリッジⅡ	45	45.00	18	63.00	3,068	3,051	0.56	1.00	0.70	44.1	48
	群雄割拠	08	豊田高専	銅にしようぜ！	30	30.00	13	43.00	1,001	1,000	0.10	1.00	1.00	43.0	49
	群雄割拠	51	長野高専	お〜い、橋か〜い	20	19.00	17	36.00	1,476	1,477	-0.07	0.95	1.00	36.0	50
	群雄割拠	16	大阪府立大学高専	時をかける橋	30	30.00	16	46.00	2,579	2,590	-0.42	1.00	0.70	32.2	51
	信長	34	松江高専	けんじっち	25	23.75	20	43.75	789	815	-3.19	0.95	0.70	30.6	52
	群雄割拠	50	長野高専	橋の名は。	20	20.00	19	39.00	1,470	1,512	-2.78	1.00	0.70	27.3	53
	群雄割拠	44	群馬高専	一心銅体	20	19.00	18	37.00	659	741	-11.07	0.95	0.70	25.9	54
	群雄割拠	21	サレジオ高専	Fuller	0	0	20	20.00	1,323	1,336	-0.97	1.00	1.00	20.0	55
	参戦不能	22	長岡高専	愛	0	0	23	23.00	1,661	1,663	-0.12	1.00	0.70	16.1	56

註 ＊1 最優秀賞：最優秀賞（国土交通大臣賞）
  ＊2 優秀賞：優秀賞（日本建設業連合会会長賞）。第3位の作品に授与
  ＊3 モンゴル国合同高専：新モンゴル高専、モンゴル国立科学技術大学付属高専、モンゴル高専の合同チーム
  ＊総得点の高い作品から順に上位とする　　　　　　　　＊総得点が同点の場合は、測定質量の軽い作品を上位とする
  ＊競技得点＝競技点×係数1　　　　　　　　＊総得点＝合計得点×係数2＝（競技得点＋審査得点）×係数2
  ＊係数1：載荷装置への設置時間制限規定に関する係数。90秒を超えた作品は、競技点に0.95を乗ずる
  ＊係数2：仕様確認に関する係数。規格外と判断された作品は、合計得点に0.7を乗じて総得点とする
  ＊総得点は、小数点以下第2位を四捨五入
  ＊質量判定：申請質量と測定質量との差を％表示した値。＋2％以上を減点対象としていたが、その規定に抵触する作品はなかった
  ＊表中の作品名は、サブタイトルを省略
  ＊宣言欄の「天下人」「家康」「秀吉」「信長」は、「群雄割拠ステージ」を突破し、「天下統一ステージ」で各宣言を達成したことを示す。「群雄割拠」は「群雄割拠ステージ」で敗退、「参戦不能」は載荷できなかったことを示す

本選審査経過

新たな載荷方式に苦戦しつつも
あきらめることなく果敢に上のステージに挑戦

企画：
載荷方法の改革。左右不均等荷重と移動荷重の載荷に挑戦

　ここ数年来、構造デザイン部門のブリッジ（橋、橋梁）による競技（耐荷性能試験）では、作品にかかる外力のほとんどが集中荷重であったため、参加作品のブリッジ（製作物）の形態は、軽量でこの外力に対抗できるように「橋」というよりは「梁」で、実質は「梁コンテスト」になっていた。このため例年、左右対称の軽妙で優美なアーチ構造方式のブリッジが上位を占めるようになり、参加作品も美しくはあるが似たような形態のブリッジばかりで、独創性を競うという面からは面白味に欠けるように感じていた。運営費節約のために同一載荷台を5年使用することなどが「軽量、アーチ構造」を完成形とする傾向を増長させる一因となったのも事実である。

　そんな背景の中、デザコン2017開催にあたって、中央集中載荷ではあるが、作品に荷重が作用する位置を左右非対称にした載荷方式の検証を始めた。2016年より鉄筋（直径10mm）によるトラス構造*1の力学的解析実験を開始し、その結果をデザコン2016高知大会での構造デザイン部門委員との打合せ資料として提示した。すると、最近の傾向に憂慮していた委員から、デザコン2017では、ブリッジ本来が有すべき「移動荷重に耐える構造」をテーマにしたいので、ブリッジ上に砲丸3個を続けざまに転がしたい、という提案があった。協議の結果、競技内容は従来の鉛直荷重の載荷と砲丸の移動とを組み合わせた新しい載荷方法にすることで意見が一致した。学生たちがその過酷な荷重に耐え得るブリッジを製作できるのか不安であったが、3年続けて銅線を素材に使った課題での経験を通して学生たちの加工技術が向上していることに期待した。

　載荷方式変更での開催を決めたものの、競技開始まで不安は尽きなかった。部門担当者として一番不安だったのが、載荷台上の900mmの支点間を移動する5kgの砲丸の運動エネルギーをどこで処理するかであった。当初は、ブリッジを通過した直後の砲丸をほぼ水平に受け止めることを考えたが、そのためには載荷装置に大がかりな装置を敷設する必要がある。試行錯誤するうちに、むしろ載荷装置の形状を生かし、載荷台と落差を持たせた位置で砲丸を受け止めることにより、砲丸の落ちた時の衝撃を「衝撃荷重」として積極的に競技に「利用する」発想が生まれた。そこで、競技そのものを「戦国時代の戦」に喩え、今まで静かに進行していた競技歴にはなかった、砲丸の着地時に生じる激しい衝撃音を競技段階のステップアップへの合図とすることにした。

仕様確認：
載荷治具の取付位置の不具合が続出

　デザコン1日めの午後、構造デザイン部門の会場である2階ホールで、まず仕様確認を行なった。順番を規定していなかったため、開始予定時刻の1時間前から、常連校を中心とする学生たちが作品を片手に並んで待っている状態だったので、予定より30分早く仕様確認を開始した。確認するのは、銅線の太さ、加工状況、製作限界、載荷位置、質量測定である。

　規定外となった作品に目立ったのは、ブリッジの規定寸法オーバーより、むしろ載荷治具取付け位置の不具合であった。今回は従来と異なり、左右非対称な位置に載荷治具を挿入するための孔の位置の正確さが問われたのだが、全く合わない位置に孔を加工設置していたブリッジが9つあった。この不具合は、質量の大きなブリッジに多く見られた。製作過程でCADなどにより描いた実大図面を元にブリッジを作り上げてきていると想像するが、最初のパソコンへのデータ入力段階で誰も位置のズレに気づかず、最後まで出力データを信じ切っていたということだろう。CADソフトを使うことの怖さを感じた。他に、規定の製作限界をはるかに超えた寸法のブリッジもあり、作りっぱなしで最終確認を怠った作品が多かったのは残念であった。

（下村 波基　岐阜高専）

審査員審査：
デザイン、製作上の工夫、ポスターやプレゼンテーションのうまさ

仕様確認に続いて、審査員審査が行なわれた。審査前、ホールの舞台上には仕様確認を完了した各作品のブリッジ（製作物）とプレゼンテーションポスターがずらりと並び、はじめて他高専の作品を見た学生らで盛り上がっていた。

最終的な順位は、審査得点30点（デザイン性、加工・製作上の工夫、ポスター表現、プレゼンテーション）と、競技得点70点（機能性、実用性）の合計100点満点により決まる。この内の審査得点が、審査員審査で決まるのだ。仕様確認が予定時間内に終わらなかったため、仕様確認の済んだ作品から順に、審査員審査が開始。審査は、審査員3人が各展示を巡回しながら、測定質量の大きい順に行なわれた。審査ではブリッジのデザイン性や製作上の工夫点、ポスター表現やプレゼンテーションのうまさが評価された。

各チーム「プレゼンテーション1分」「質疑応答30秒」と決められた時間の中で、代表の学生1人が自作について真剣に説明している姿が印象的だった。また、作品を見栄え良く見せるための台や、説明用の小さな模型を持参しているチームもあり、プレゼンテーションの随所に工夫が見られた。質疑応答では、デザインと構造方式の関係やパソコンによるシミュレーション、試作段階における工夫など、審査員からさまざまな質問がとんだ。

中でも試作モデルの数やシミュレーションの試行回数が多かった作品は、最終順位で上位に入ったものが多く、試行錯誤に手間をかけることの重要さを改めて感じる結果となった。審査員得点は、耐荷性能試験の前には公開せず、各作品にそれぞれの得点のみを通知した。これは他の評価を予測しながら「進軍」「撤退」の戦略を練らせるための企画意図であったが、真っ直ぐで純粋な学生たちには伝わらなかったようで、いずれも果敢に挑戦し続け、敗退を重ねた。

（上原 義己　岐阜高専）

耐荷性能試験（競技）：
チャレンジして失敗すると減点大の賭け「天下統一ステージ」

競技の主体は選手である参加学生なので、今大会では「選手が主体性と責任を持って競技するのが本来であり、教員はその補助である」との観点に立ち、従前来の審判の指示や判断による進行方法を変更し、以下を目指した。
①競技者の自己管理・責任での進行
②進行状況の可視化
③競技性の演出と確保

競技者自身が各ステップごとの時間制限に責任を持つために、競技者が載荷台脇のスイッチを押すこと（図1の「合図」）によりカウントダウンが始まるプログラムを岐阜高専コンピュータ・クラブが製作。プロジェクタ投影により進行状況と残り時間を前面のスクリーン上に可視化して競技者、観客によく見えるようにし、判定ミスが起こらないように努めた。

競技は「戦国時代の戦」に喩え、2つの大きなステージに分かれ、最初の「群雄割拠ステージ」では、10kgのおもりを3回に分けてブリッジに載荷し、合計30kgの載荷状態で10秒間耐えなければならない。20kgで失敗すると20点、30kgで失敗すると30点、すべてクリアすると40点で「信長宣言」ができ、「天下統一ステージ」に進むことができる。続く「天下統一ステージ」は、3つのトライアル「信長」「秀吉」「家康」からなる。各トライアルでは、ブリッジに追加の5kgのおもりを載せたまま10秒間耐えた後、ブリッジの片側から5kgの砲丸（砲弾）を転がし（砲弾流し）、無事に反対側の「砲弾受け」に到達（着弾）するまで耐えられればクリア。次のトライアルに進める。3つのトライアルをクリアすると「天下人」となり、競技点で満点（70点）が得られる（図2参照）。

そして、各トライアルごとに参加者に「進軍」「撤退」の二者択一のチャンスを与えることにより、競技性を高めた。「チャレンジに応じて得点が上乗せされる」従来型の得点方式ではなく、ステップアップを望んで「進軍」しても、そのトライアルをクリアできなかった場合は、「撤退」した場合よりも得点が低くなる方式だ（図2参照）。

1964年東京大学の卒業式の式辞で大河内一男総長（当時）が語ったとされる「太ったブタよりも、痩せたソクラテスになれ」との名言に倣い、同じ「天下人」では質量の軽いほうを上位とした。しかし、ブリッジは軽くなるほど剛性を失うため、失った分の剛性を構造解析力と製作能力と熱意と試行錯誤で補うことになる。そして、軽いブリッジは剛性を確保していないと移動荷重と衝撃に弱いため、安易に挑戦し続けた場合、「天下統一ステージ」最後の難関である

「砲弾流し」で失敗すると一挙に得点を失い「群雄割拠ステージ」を制した程度の得点にまで落ち込むことになる（図2の㊵）。実際そのドツボにはまり、順位を落とした軽量級の作品がかなりあった。

何といっても今大会の特徴は、「砲弾流し」と称して、ブリッジに5kgの砲丸を転がしたことである。5kgの砲丸が載荷台より50cm程落下し、受け籠（砲弾受け）の鉄板に当たる「着弾」の轟音と振動は「天下統一ステージ」の各トライアルをクリアした証しで、戦国武将隊「信長公おもてなし武将隊　響縁」「岐阜甲冑倶楽部」の応援と相まって競技に躍動感を与えた。

さらに、競技終了後の各チームへのインタビューでは、作品のコンセプト、選手の属性などを予めインタビュー（岐阜高専の専攻科進学予定の5年生）が把握し、競技者への質問内容に重みとメリハリが出るよう努めてくれた。

一方、参加学生からの指摘「後の競技者が有利だ」に応えて、プレゼンテーションポスターに作品の申請質量を記入してもらい、重い順に載荷した（表2参照）。そのため、競技開始当初から「天下人」になる作品が続出し、メイン・スクリーンに暫定順位を示す予定が「天下人ばかり」という小ハプニングが起こってしまったが、それもまた一興であったと思っている。

織田信長が岐阜に入城し、この地を岐阜と命名して450年を記念した「岐阜市信長公450プロジェクト」開催の年に、岐阜高専がデザコン2017主管校となったこと、また本大会のメインテーマ「デザインが天下を制する」と戦国時代のイメージで合致したことなどにより、岐阜市公認の「信長公おもてなし武将隊」の特別参加と載荷競技の進行とをうまくコラボできたのは実に幸運なことであった。

図1　競技時間フロー

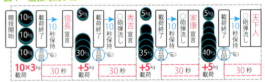

図2　競技点フロー

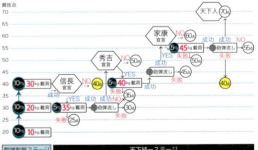

競技点㊵＝「群雄割拠ステージ」を終えて「信長宣言」をせずに「撤退」
　　　　＝「家康宣言」後、「家康トライアル」の最後の「砲弾流し」に失敗
＊「秀吉宣言」後の「秀吉トライアル」では、「5kgの追加載荷」を成功すると「進軍」「撤退」の判断はできず「砲弾流し」に挑戦しなければならない

表2 耐荷性能試験の載荷順

載荷順	載荷装置A 作品番号	高専名(キャンパス名)	作品名	載荷装置B 作品番号	高専名(キャンパス名)	作品名	載荷装置C 作品番号	高専名(キャンパス名)	作品名	載荷装置D 作品番号	高専名(キャンパス名)	作品名
①	45	東京都立産業技術高専(品川)	ヤマト	40	旭川高専	建豪三本勝負	15	大阪府立大学高専	僕と私のひっかけ橋	37	八戸高専	陸奥国糠部郡
②	36	一関高専	橋姫	53	香川高専(高松)	オリーブリッジII	01	高知高専	帝18号	30	阿南高専	武双
③	16	大阪府立大学高専	時をかける橋	23	長岡高専	義	27	苫小牧高専	橋王	31	阿南高専	Leaves
④	13	石川高専	馬路ツェーゲン橋	26	苫小牧高専	最&鋼	50	長野高専	橋の名は。	22	長岡高専	愛
⑤	55	仙台高専(名取)	無敵艦隊あまだー	47	福井高専	ガチン橋	51	長野高専	お〜い、橋か〜い	46	福井高専	米
⑥	21	サレジオ高専	Fuller	20	福島高専	剛橋無双	12	石川高専	Stone River Bridge	38	和歌山高専	荷重にコミットII
⑦	02	神戸市立高専	神戸、待望の初アーチ	09	岐阜高専	「へ」ばし	14	明石高専	翔弦	39	和歌山高専	ダンゴムシ
⑧	19	福島高専	桃源橋	03	金沢高専	Arch of Pillar	08	豊田高専	銅にかしようぜ！	05	有明高専	下弦の月千代
⑨	10	鹿児島高専	関ヶ原敵中突破！	11	津山高専	歩	56	モンゴル国合同高専*1	デザコンへの橋	17	近畿大学高専	BENTEN
⑩	52	香川高専(高松)	たかはしII	34	松江高専	けんじっち	54	仙台高専(名取)	橋環	43	群馬高専	武蔵
⑪	44	群馬高専	一心銅体	42	呉高専	三本の矢	24	新居浜高専	担担	28	徳山高専	双兜
⑫	04	小山高専	Reinforce B	49	秋田高専	C+u	35	松江高専	真田軍扇	06	舞鶴高専	絶巓
⑬	25	新居浜高専	転転	48	秋田高専	新国銅	33	米子高専	稲二郎	07	舞鶴高専	転がる砲丸、下から見るか？横から見るか？
⑭	18	近畿大学高専	大黒天	41	呉高専	再善線	29	徳山高専	紡希	32	米子高専	礎

註 ＊1 モンゴル国合同高専：本書60ページ註3参照
＊各載荷台ごとに作品質量の大きなものから順に載荷
＊表中の作品名は、サブタイトルを省略
＊表中の作品番号が青文字の作品は、「天下人」に到達

65

講評：
美しいデザインの軽量で頑丈なブリッジが
「天下を制す」

競技結果のささやかな分析：
最適質量は900～1,200g？

　競技点では、どんなにデザイン性が悪くても、ブリッジ（橋梁）本来の機能である物資を移動させる能力を備えた作品については、「天下人」として70点満点を得点できるようにした。とはいえ、大会のテーマどおり、デザイン性や施工精度にすぐれた作品（軽量な作品に多く見られた）が、高い審査得点を取り、最終的に天下を制する結果になった。最優秀賞は、526gで審査得点29点の徳山高専『紡希』[29]、優秀賞は小山高専『Reinforce B』[04]と福島高専『剛橋無双』[20]が受賞。審査員特別賞には、「秀吉宣言」で敗退したものの最軽量の米子高専『礎』[32]と「家康宣言」で敗退の呉高専『再善線』[41]、日刊建設工業新聞社賞には、「信長宣言」で敗退の松江高専『真田軍扇』[35]という、審査得点で上位の3作品が受賞した（本書60ページ表1参照）。詳細は審査講評に譲る（本書52～57ページ参照）。

　競技の結果、ほぼ半数の27作品が最終段階の「天下人」まで到達したことになる。中でも、剛性が高い重量級の作品に「天下人」の発生率が高いことがわかる（図3参照）。特に質量900～1,200gの作品には「天下人」の発生率が非常に高く、審査員評価は高くなかったものの、この範囲が橋梁としての機能を堅実に発揮する最適な質量だったのかもしれない。一方、質量500～600gの軽量級の作品では果敢に攻めた結果、かなりの脱落が見られるものの、質量の軽いほうを上位としたため、受賞作品の大半がこの範囲に含まれる。

　また、どの載荷装置でも6～7人の「天下人」が生まれていて、当然のことながら、重量級の並ぶ載荷順の前半に発生数が多い（図3、本書65ページ図2参照）。載荷順で10番以降の「天下人」発生率は極端に低くなり、D載荷装置ではゼロだった。しかし、これはあくまで、たまたまで、載荷装置や載荷治具の影響ではないと受け取ってもらえれば幸甚である。

　今回、はじめて課題を設定する側の立場になり、大会前は、過大な要求をしたのではないかとの不安に駆られる毎日だったが、大会当日に集合した作品を見て、4kgを超す重量級はあったものの、400g以下の軽量な作品もあり、不安が杞憂であったことに安堵した。さらに競技の結果を見て、学生の対応力のすばらしさに改めて感心した次第である。その一方、検証を伴わない非常に不安定な構造である上に、難しい上路橋*2で5kgの砲丸を転がすという安全性への配慮に欠けた作品もあり、学生を派遣する学校側の指導体制や安全意識が問われているとも感じた。

　しかし、この過酷な課題を多数の参加作品が突破したこともあり、総じて、個々の学生の能力の高さとそれを支える高専の教育力を実感することができた大会であった。

（下村　波基　岐阜高専）

註
*1　トラス構造：部材を三角形の組合せで構成する構造形式
*2　上路橋：主要構造体の上側に通路（橋桁）がある構造形式の橋

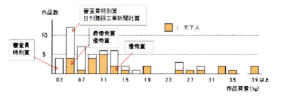

図3　作品質量別「天下人」と受賞の分布

構造デザイン部門応募要項と競技内容（要約）

ブリッジ（製作物）の設計・製作条件

1. 構造形式
単純支持形式の構造体

2. 載荷条件
固定荷重に加え、移動荷重も与える載荷形式
固定荷重：ブリッジを載荷装置に載せ、中央に集中荷重として載荷した荷重が、ブリッジの左右非対称の位置に作用する載荷方式を今大会では固定荷重とする。順次、おもりを作用させる（本書61ページ図1参照）
製作限界内のSa点で径22φの丸鋼を通し、その両端に外側から載荷治具（図-2参照）を組み込み、丸鋼の両端にナットを取り付け、製作限界幅200mmを確保する。Sb点でも同様にし、載荷治具の他端同士をSc点で径22φの丸鋼を通しその両端にナットを取り付ける。このSc点を通す丸鋼の中央に付いた吊りピースに載荷ワイヤ先端のフックをかけることにより荷重を載荷する（図-1参照）
移動荷重：ブリッジ上に5kgの鋼球（砲丸）を通過させた移動荷重が作用する

3. 支持条件
ブリッジを載せる載荷台の支持部はRa点、Rb点の2カ所（図-1、図-3参照）
①回転方向は拘束しない
②水平位置が低いRa点は、水平方向の移動が固定された「ピン支持」
③Ra点より水平位置が100mm高いRb点はリニアガイドを組み込んだ水平方向に移動可能な「ローラー支持」
載荷台へのブリッジ設置の際、ブリッジは以下の部分で、支点（構造物を支える点）と接することができる（図-3参照）
Rb点：支持部の直角二等辺三角形（1辺20mm）の山形鋼頭頂部のみ
Ra点：上記の山形鋼頭頂部に加え、ストッパーを山形鋼の支点間内の側面だけに当たるように良識の範囲*1 で設置可
載荷によりブリッジが変形した場合は、山形鋼の他の面に接触しても構わない

4. 寸法
ストッパーを除き、図-1に示す製作限界内に収まる寸法

5. 質量
ブリッジの総質量に制限なし

6. 使用材料
①使用可能材料は、銅線とハンダ*2

②銅線は、充実円形断面を持ち、「銅線」「銅針金」「正銅ワイヤ」「正銅針金」のいずれかの表記で販売されているもの
③銅線の径は番手 #10〜22でいかなるメッキ、塗装も施されていないもの
④黄銅製、青銅製、鉄線に塗装を施した銅線は使用不可
⑤ハンダの錫と鉛の配合比率は自由

7. 部材の加工・接合
①銅線については、板状に薄く伸ばす以外の加工は可能。ただし、旋盤やフライス盤の使用、銅線の溶融や鋳造は不可。タップ、ダイスを用いた手作業でのネジの作成は可（上記6. に示す銅線のみ使用可）
②部材同士の接合はハンダ付けのほか、上記の規格を満たす銅線を用いて緊縛しても構わない
③模型の全表面がハンダで覆われている場合、「仕様確認」では部分的に研磨して確認する

8. 初期荷重
載荷治具、スプリングフック、載荷ワイヤ、おもり受けなどの全質量は約7kg。この初期荷重は、戦国武将が甲冑を身にまとって戦うことを考え、小さくはないが耐荷力には含めない

競技内容

ブリッジを製作し、その耐荷性能を競う

競技＝耐荷性能試験

1. 載荷順
各作品のプレゼンテーションポスターに明示された、申請質量の大きなものから順に、4台の載荷装置を使って4組の作品を同時に載荷する（本書65ページ表2参照）
＊ブリッジの申請質量と「仕様確認」時の測定質量との差が＋2％以上の作品は、協議の対象となり、減点となる場合がある
（「仕様確認」時の測定質量－申請質量）÷申請質量×100＜2％

2. 載荷装置への設置
①ブリッジの載荷台への設置は「設置開始」の合図から90秒以内に完了すること
②あらかじめ治具設置のための台上で載荷治具を取り付けたブリッジを、載荷台に移動設置する（載荷台では、支点部の位置決めと載荷フックの着装のみ可）
③設置完了の時点で、競技審判に合図すること。競技審判がルール違反がないかを再度確認後、「群雄割拠ステージ始め」の合図を出す

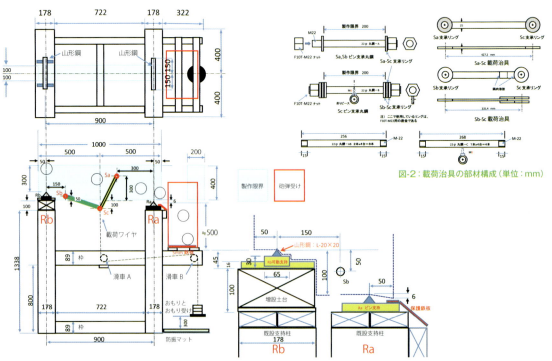

図-1：載荷装置平面図／立面図（単位：mm）　　図-3：載荷装置支持部詳細図（単位：mm）

図-2：載荷治具の部材構成（単位：mm）

合図後に載荷競技開始
④載荷用おもり：質量10kg＝3枚、5kg＝3枚
⑤砲丸（砲弾）：質量約5kg＝1個。砲丸の規格＝NISHI（ニシ・スポーツ）陸上競技 砲丸投 砲丸 5.0kg 練習用 G1154／直径107mm程度

3. 競技の継続不能状況
以下のいずれかの状況に至った時は、競技を終了。その直前段階までの耐荷力、規定の得点とする（本書64ページ図2参照）
① おもり受けがステージ上の防振マット上面に落下し接触した場合
② おもりがおもり受けから滑り落ちた場合
③ ブリッジが支点部の山形鋼（図3参照）以外に接触した場合
④ 砲弾（砲丸）が軌道から落下した場合
⑤ 5kg載荷終了の合図から30秒以内に「砲弾」が「着弾」（「砲弾受け」に無事に到達）しない場合
＊想定外の事態に遭遇した場合は、審査員などと協議して決定

4. 競技のステージ構成
① 群雄割拠ステージ
10kgのおもりを3回連続的に載荷。20kgで失敗すると20点、30kgで失敗すると30点。30kg載荷終了の合図から10秒間の保持が確認されれば、ステージ突破、上のステージへの挑戦権を得る。「撤退」を選択すれば試技は終了し、40点を得る（本書64ページ図2参照）

② 天下統一ステージ
「群雄割拠ステージ」を突破した作品が、30kg載荷終了の合図から30秒の間に「天下統一ステージ」進出の名乗り（信長宣言）を上げれば、進むことができる（本書64ページ図1参照）。
「天下統一ステージ」は、「進軍」して失敗するより、「撤退」して現状を維持したほうが高得点となるルールである（本書64ページ図2参照）。
序章となる「信長トライアル」では、まず、おもり5kgを追加で載荷し、載荷終了の合図から10秒間の保持を確認できれば成功。先に「進軍」する場合は、続く20秒間以内に、「砲弾」を投入し（砲弾流し）、「砲弾」が無事に「砲弾受け」に到達（着弾）すれば成功で、次の「秀吉トライアル」への「進軍」「撤退」の選択権を得る。しかし、5kgの載荷終了合図から30秒間以内に「砲弾」が「着弾」せず、次のトライアルへの「宣言」ができない場合は、失格と見なし、競技を終了する
以降のトライアル（「秀吉」「家康」）も同様に、下記の構成で進行するが、戦場で起こり得るハプニングを想定し、各トライアルでのルール、競技点にバリエーションを持たせている（本書64ページ図2参照）

追加の載荷→砲弾流し→「宣言」（「進軍」「撤退」）の採択

天下取り最終章の「家康トライアル」で「砲弾流し」を終え、「砲弾受け」に「着弾」した状況で、5kgの載荷終了合図から30秒間保持でき、ブリッジが崩壊していなければ「天下人」と認められる
「砲弾流し」の砲丸の投入は、Rb点の位置（高さ方向は問わない）から素手で行ない、水平方向に初速を与えないこと（図-1参照）。また、投入後は「砲弾受け」に到達（着弾）するまで「砲弾」に触れることはできない

時間的制約に関するフロー（本書64ページ図1参照）と、競技点フロー（本書64ページ図2参照）に合わせた戦略を練って臨んでほしい。また、競技前に伝達される自作の審査得点を参考に、全競技終了後まで非公開の他作品の審査得点を予測しつつ、試技を遂行してほしい

審査方法

「審査員審査」「耐荷性能試験」を通して、製作されたブリッジの耐荷性能、質量の小ささ、デザイン性などを競う。応募作品（模型、プレゼンテーションポスター）は、①審査得点、②競技得点、を合算した③総得点により評価する

① 審査得点
審査員審査における評価基準に基づく評価点（30点満点）。審査員は各作品の展示（ブリッジ〈製作物〉、プレゼンテーションポスターなど）を巡回し、設計主旨、構造、デザイン性などについて、各作品の代表学生1人[*3]との質疑応答（学生の発表1分、質疑応答30秒以内）を通して審査。審査得点は競技（耐荷性能試験）前は非公開、各作品の得点を該当者のみに伝達

② 競技得点
競技（耐荷性能試験）結果をもとに、下記の計算式により決定。競技点は「群雄割拠ステージ」突破で40点、その上の「天下統一ステージ」の全トライアルをクリアで、天下統一の「天下人」最高得点70点（本書64ページ図2参照）

競技得点＝競技点×係数1

＊係数1：載荷装置への設置時間制限規定に関する係数。90秒を超えた作品は、競技点に0.95を乗ずる

③ 総得点
審査得点と競技得点を合計した、総得点（下記の計算式参照）により順位をつける。同点の場合は、測定質量の軽い作品を上位とする

総得点＝（競技得点＋審査得点）×係数2＝合計得点×係数2

＊総得点は、小数点以下の第2位を四捨五入し、小数点第1位で表記
＊係数2：仕様確認に関する係数。規格外と判断された作品は、合計得点に0.7を乗じて総得点とする

註
* 1 良識の範囲：趣旨に逸脱している場合、審査員と部門責任者との協議により修正・除去を求めることがある。
* 2 ハンダ：主に金属の接合に使われる合金
* 3 代表学生1人：審査中は各作品前にエントリーした学生の内1人のみが常時待機。正当な理由なく2人以上が審査に立ち会った場合は、審査得点の減点対象

開催概要

構造デザイン部門　概要

【課題テーマ】そこのけそこのけ、王者が通る
【課題概要】
2015年大会来の、素材に銅を用いたブリッジ（橋梁）の製作とする。橋の本来は、人の行く手を阻む過酷な自然を凌駕する人の英知の所産で、文化や物資の流れを円滑に進める機能を有する構造物であるという原点に立ち返り、集中荷重のみならず移動荷重にも耐える丈夫さを備えると同時に、銅の持つ光沢と繊細さを活かした美しいブリッジの製作を目標とする。
今日、私たちの生活を支える橋梁は、戦国時代にあっては、防御・侵略の要であり、橋を制することは天下を制することにも通じた。岐阜は、信長、秀吉そして家康と、三英傑と呼ばれる武将縁の地である。天下統一に向け、それぞれの武将が果たした役割は大きい。今回の耐荷性能試験は、従来のように単純に載荷を重ねる方法ではなく、戦略的な要素を組み込んだ。より天下人に近づくためには橋の様子や他の作品の結果を見ながら戦略を立て、「進軍」か「撤退」かの判断が必要となる。
【審査員】岩崎 英治［審査員長］、中澤 祥二、岩田 美幸
【応募条件】
個人もしくは6人以内のチームによるもの（登壇者：仕様確認2人以内、審査員審査1人、競技3人以内）。各チーム1作品、各校2作品まで。同一高専で同形・同コンセプトの製作物は認めない。他部門への参加不可
【応募数】56作品（290人、36高専＋モンゴル国合同高専*1）
【応募期間】
質疑期間：2017年4月17日（月）～24日（月）
質疑回答：2017年5月中旬よりHPにて公開

エントリーシート提出期間：
2017年10月16日（月）～20日（金）
プレゼンテーションポスターのデータとブリッジ（製作物）質量提出期間：
2017年11月20日（月）～24日（金）
【事前提出物】
エントリーシート：学校名、作品名、チームメンバー氏名、学科名、学年、指導教員氏名など
プレゼンテーションポスターの画像データとブリッジ（製作物）質量：申請質量を記載したポスター（下記「本選提出物」②）のPDFデータ

本選審査

【日時】2017年12月2日（土）～3日（日）
【会場】じゅうろくプラザ　2階　ホール
【本選提出物】
①ブリッジ（製作物）：指定どおりのもの（本書68ページ参照）
②プレゼンテーションポスター：学校名、作品名、コンセプト、ブリッジ（製作物）の写真、工夫した点、申請質量と仕様確認時に計測する質量を記入するための記入欄をレイアウト（A2判サイズ〈横向き〉1枚、パネル化不要）
【審査過程】
参加数：56作品（290人、36高専＋モンゴル国合同高専*1）
日時：2017年12月2日（土）
①仕様確認　　13:00～14:30
②審査員審査　15:00～17:00
日時：2017年12月3日（日）
③競技＝耐荷性能試験　9:00～12:00
④成績集計と審査　12:00～14:00
⑤講評　14:00～14:45

註　＊1　モンゴル国合同高専：本書58ページ註1参照

本選 50 作品

(00): 数字は作品番号

---

55 仙台高専（名取）
◎吉田 晴貴、鷹木 亮太、伊藤 慧亮、須田 裕人、遠藤 翼、中島 航平［建築デザイン学科4年］
担当教員：飯藤 將之［建築デザイン学科］

天下人 総得点：95.0 質量：1,584g

無敵艦隊　あまだー

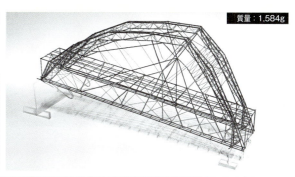

---

42 呉高専
◎島村 柚香、長沖 嶺、德澤 宏洋、鍋島 美咲（5年）、平岡 和真、岸本 誠矢（4年）［環境都市工学科］
担当教員：河村 進一［環境都市工学分野］

天下人 総得点：94.0 質量：650g

三本の矢

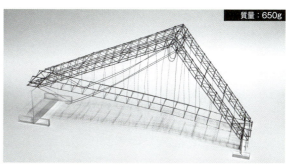

---

54 仙台高専（名取）
◎木幡 一貴、升澤 航平（5年）、茂木 みさき、村上 結月、滝本 亮、金本 賢人（4年）［建築デザイン学科］
担当教員：飯藤 將之［建築デザイン学科］

天下人 総得点：94.0 質量：712g

橋環

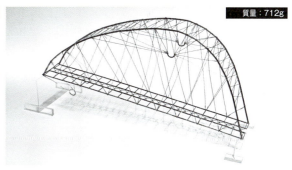

---

03 金沢高専
◎安原 和希、喜多 喜一、前井 拓也、東 厚志、宮坂 純平、三島 勇志［機械工学科5年］
担当教員：金井 亮［機械工学科］

天下人 総得点：94.0 質量：1,065g

Arch of Pillar

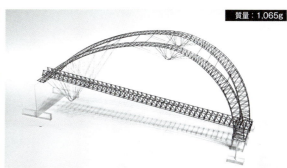

＊氏名の前にある◎印は学生代表　　＊高専名の上または左にある2桁数字は作品番号
＊作品名の上の「天下人」「家康」「秀吉」「信長」は、「群雄割拠ステージ」を突破し、「天下統一ステージ」で各宣言を達成したことを示す。「群雄割拠」は「群雄割拠ステージ」で敗退、「参戦不能」は載荷できなかったことを示す
＊総得点は、小数点以下第2位を四捨五入

本選 50 作品

02 神戸市立高専

◎田中 健太、庄司 大樹（5年）、木佐貫 康貴、佐伯 勇輔、清水 葉平、内藤 秀哉（3年）［都市工学科］
担当教員：上中 宏二郎［都市工学科］

天下人 総得点：94.0 　　　質量：1,161g

神戸、待望の初アーチ
—— 豪快に引張りライナーで

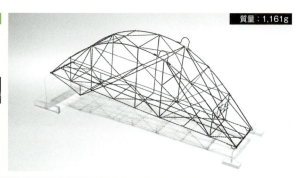

31 阿南高専

◎関 風花、畠山 美咲、川西 大貴、勝瀬 裕子［建設システム工学科5年］
担当教員：笹田 修司［創造技術工学科建設コース］

天下人 総得点：94.0 　　　質量：2,121g

Leaves

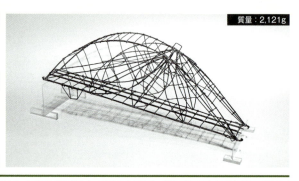

48 秋田高専

佐藤 元気［環境システム工学専攻攻科2年］／◎白川 光聖（5年）、菅原 未来（3年）、佐藤 綾奈（2年）［環境都市工学科］／小林 葵、安藤 星空［創造システム工学科1年］
担当教員：鎌田 光明［創造システム工学科　土木・建築系　空間デザインコース］

天下人 総得点：93.0 　　　質量：572g

新国銅

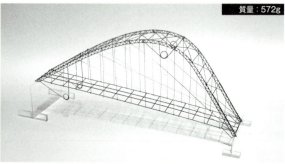

10 鹿児島高専

秋窪 紗希、鯵坂 健太、関 龍之介、津之地 愛理、◎松元 健人［都市環境デザイン工学科5年］
担当教員：川添 敦也［都市環境デザイン工学科］

天下人 総得点：93.0 　　　質量：905g

関ケ原敵中突破！

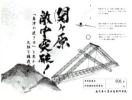
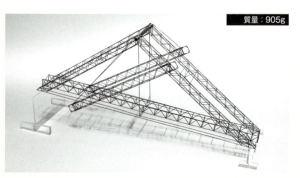

⑬ 石川高専

◎坂井 巽、木村 凌一、河岸 岳人、河原 未空、高倉 未有、高辻 奈美［環境都市工学科4年］
担当教員：新保 泰輝［環境都市工学科］

天下人　　　総得点：93.0

馬路ツェーゲン橋

質量：1,977g

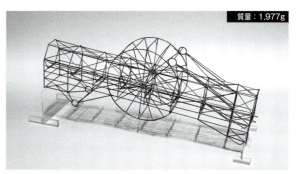

㉗ 苫小牧高専

◎市村 祐哉、望月 謙伍、平塚 絢菜（5年）、三川 和樹（4年）［環境都市工学科］／佐藤 七海［創造工学科都市環境系2年］
担当教員：所 哲也［創造工学科］

天下人　　　総得点：93.0

橋王

質量：2,505g

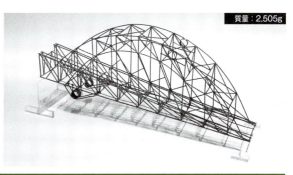

⑭ 明石高専

◎三田 悠乃、秋田 楓佳、木村 真悠、津田葉 涼太、久留宮 立基、松本 拓実［都市システム工学科4年］
担当教員：三好 崇夫［都市システム工学科］

天下人　　　総得点：92.0

翔弦── SHO-GEN

質量：1,296g

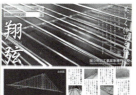
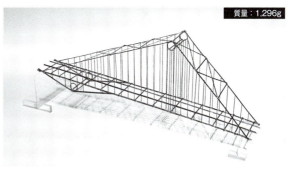

⑤ 有明高専

◎西江 太成、堤 悠一郎、金子 奈央（5年）、青山 メイ（4年）、石橋 英久、松藤 直樹（3年）［建築学科］
担当教員：岩下 勉［創造工学科建築コース］

天下人　　　総得点：91.0

下弦の月千代

質量：1,003g

本選 50 作品

構造デザイン

| ⑨ | 岐阜高専 | ◎藤田 耕平、橋口 喬太、藤井 耀午、藤野 秀太［先端融合開発専攻専攻科1年］
担当教員：下村 波基［建築学科］ |

天下人　　総得点：90.0　　　　　　　　　　　　　　　　　　　　　　　　　質量：1,239g

「へ」ばし

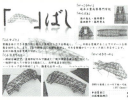
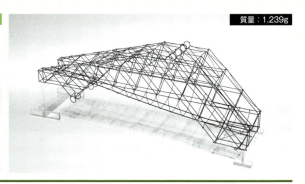

| ⑫ | 石川高専 | ◎林 直輝、喜多 崇之（5年）、中村 友紀、林 亮輔、村上 綺花、宮澤 龍（4年）［建築学科］
担当教員：本間 小百合［建築学科］ |

天下人　　総得点：90.0　　　　　　　　　　　　　　　　　　　　　　　　　質量：1,279g

Stone River Bridge

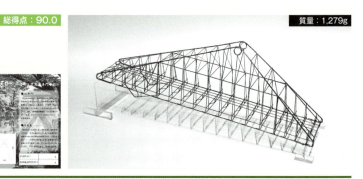

| ㊻ | 福井高専 | 檜木 泰宏（4年）、◎大原 裕也、酒井 大翔、内藤 雄大（3年）［環境都市工学科］
担当教員：樋口 直也［環境都市工学科］ |

天下人　　総得点：89.0　　　　　　　　　　　　　　　　　　　　　　　　　質量：1,349g

米──ライズ

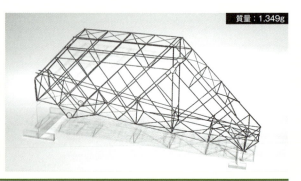

| ㊴ | 和歌山高専 | ◎土田 喜誠、深瀬 賢人、角 優丞（4年）、尾尻 朱加、岸裏 賀央里（3年）［環境都市工学科］
担当教員：山田 宰［環境都市工学科］ |

天下人　　総得点：88.0　　　　　　　　　　　　　　　　　　　　　　　　　質量：1,113g

ダンゴムシ

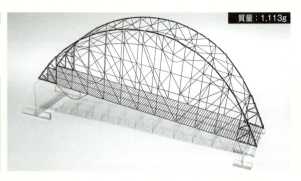

㊳ 和歌山高専

◎水野 良哉、陶山 樹、玉置 大智（4年）、森脇 佑太、西尾 啓介（3年）［環境都市工学科］
担当教員：霞巻 峰夫［環境都市工学科］

天下人　　総得点：87.0　　質量：1,073g

荷重にコミットⅡ

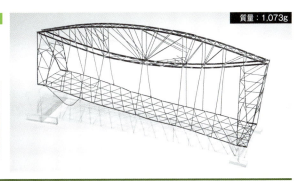

㊱ 一関高専

◎藤野 航汰、佐々木 拓人、田名部 翔万、高橋 涼太［機械工学科4年］
担当教員：原 圭祐［未来創造工学科機械・知能系］

天下人　　総得点：86.0　　質量：3,424g

橋姫

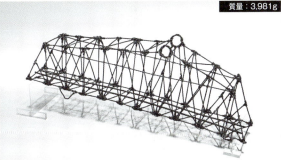

㊵ 旭川高専

◎福田 修也、旭 隼人、仁平 昌也［機械システム工学科4年］
担当教員：宇野 直嗣、石向 桂一［機械システム工学科］

天下人　　総得点：86.0　　質量：3,981g

建豪三本勝負

㊲ 八戸高専

◎宮崎 瑠南、浜山 千佳、酒井 大誠（5年）、会津 優、赤坂 健太、アティカ＝ズライカ＝ビンティ＝ザイナル＝アリフィン（4年）［建設環境工学科］
担当教員：丸岡 晃［産業システム工学科環境都市・建築デザインコース］

天下人　　総得点：85.0　　質量：3,482g

陸奥国糠部郡
（むつこくぬかのぶぐん）

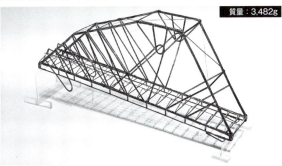

75

本選 50 作品

㊺ 東京都立産業技術高専（品川）

◎塚本 彪太、宮古 貴彰［ものづくり工学科4年］
担当教員：上島 光浩［ものづくり工学科生産システム工学コース］

天下人 　　総得点：80.5　　　　　　　　　　　　　質量：6,166g

ヤマト——大和

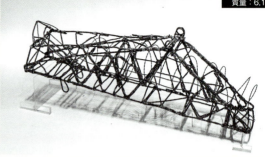

㉘ 徳山高専

山根 達郎［環境建設工学専攻専攻科2年］／◎寺西 冴映、田辺 萌絵（4年）、貞本 舞、丸岡 紗也、加納 万帆里（1年）［土木建築工学科］
担当教員：海田 辰将［土木建築工学科］

家康 　　総得点：67.0　　　　　　　　　　　　　質量：640g

双兜
そうとう

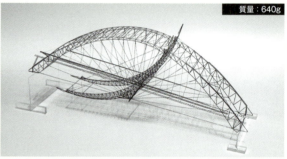

㊺ モンゴル国合同高専*1

◎バトドルジ・バトトルガ、アルサラン・ウイレスバト、チュルーンバト・ニャムダワー、エンフタイワン・テムーレン、トゥングラグ・ニンジン、ダワーオチル・マラルマー［土木建築工学科4年］　担当教員：バヤルサイハン・ナランバータル、オトゴンバヤル・ガンチメグ、ガンゾリグト・ブルグーン［新モンゴル高専、モンゴル国立科学技術大学付属高専、モンゴル高専］

秀吉 　　総得点：66.0　　　　　　　　　　　　　質量：768g

デザコンへの橋

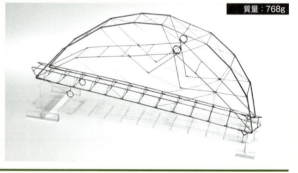

⑦ 舞鶴高専

仲井 大樹（5年）、◎福田 陸人、本田 拓也、安藤 翔（4年）、藤田 凱（2年）、浜村 虎太郎（1年）［建設システム工学科］
担当教員：玉田 和也［建設システム工学科］

家康 　　総得点：65.0　　　　　　　　　　　　　質量：548g

転がる砲丸、下から見るか？横から見るか？

註 *1 モンゴル国合同高専：新モンゴル高専、モンゴル国立科学技術大学付属高専、モンゴル高専の学生による合同チーム

㉔ 新居浜高専

◎丹 裕紀、藤田 大智、熊崎 裕介［機械工学科5年］
担当教員：谷口 佳文［機械工学科］

秀吉 　　総得点：65.0　　　　　　　　　　　　　　　質量：645g

担担

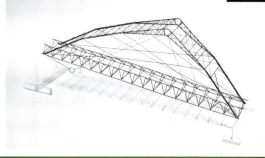

⑥ 舞鶴高専

◎向出 怜央（5年）、八木 大輔（4年）、小牧 勇斗（3年）、武田 陽香、長澤 華美（2年）、藤井 龍（1年）［建設システム工学科］
担当教員：玉田 和也［建設システム工学科］

家康 　　総得点：64.0　　　　　　　　　　　　　　　質量：579g

絶巓

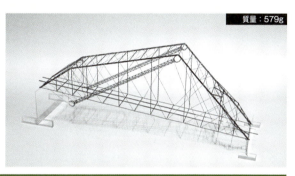

⑱ 近畿大学高専

◎松木平 このえ、中森 航平、西脇 義騎（4年）、小谷 優花（3年）［総合システム工学科］
担当教員：松岡 良智［総合システム工学科都市環境コース］

家康 　　総得点：63.0　　　　　　　　　　　　　　　質量：499g

大黒天

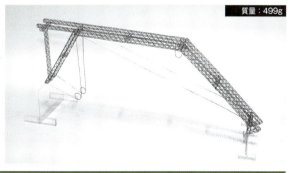

⑪ 津山高専

◎藤原 弘大、竹内 薫、松永 和也［機械工学科5年］
担当教員：塩田 祐久［総合理工学科機械システム系］

家康 　　総得点：63.0　　　　　　　　　　　　　　　質量：821g

歩——AYUMU

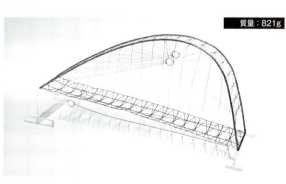

本選 50 作品

構造デザイン

| 23 | 長岡高専 | ◎佐藤 信輔（専攻科2年）、堀澤 英太郎（専攻科1年）［環境都市工学専攻］／金子 司、鈴木 健太［環境都市工学科5年］
担当教員：宮嵜 靖大［環境都市工学科］ |

天下人　　総得点：62.3　　　　　　　　　　　　　　　　　　　　　　質量：2,783g

義

| 15 | 大阪府立大学高専 | 樫澤 秀太（5年）、◎山口 涼士、徳田 邦洋、三浦 脩、宮坂 風花、柳原 直樹（4年）［総合工学システム学科都市環境コース］
担当教員：岩本 いづみ［総合工学システム学科都市環境コース］ |

天下人　　総得点：62.3　　　　　　　　　　　　　　　　　　　　　　質量：3,647g

僕と私のひっかけ橋

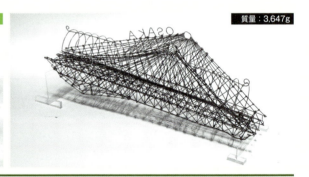

| 30 | 阿南高専 | ◎上野 翔大、逢坂 健太郎、岡田 幸正［建設システム工学科5年］
担当教員：笹田 修司［創造技術工学科建設コース］ |

家康　　総得点：61.0　　　　　　　　　　　　　　　　　　　　　　質量：2,548g

武双──MUSOU

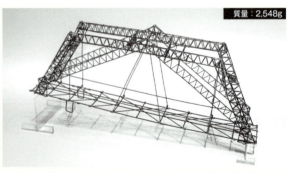

| 01 | 高知高専 | 田邊 璃生、三浦 健人、森岡 海星、山本 聖涼、◎横飛 翔太、吉門 大輔［環境都市デザイン工学科5年］
担当教員：木村 竜士、北山 めぐみ［ソーシャルデザイン工学科］ |

天下人　　総得点：59.5　　　　　　　　　　　　　　　　　　　　　　質量：2,934g

帝18号

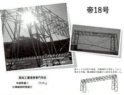
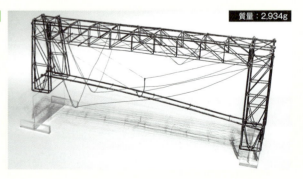

78　デザコン2017 岐阜

43 群馬高専　◎齊藤 駿介、池田 綾華（5年）、下平 英莉、土屋 直樹（3年）、久保田 雅也（2年）、松浦 智亮（1年）[環境都市工学科]
担当教員：木村 清和[環境都市工学科]

信長　　　　　　　　　　　　　　　総得点：59.0　　　　　　　　　　　　　　　　　　　　　　　　質量：708g

武蔵

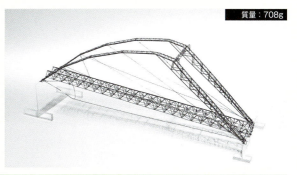

25 新居浜高専　◎浅野 惇、松本 修明、松本 智陽[機械工学科5年]
担当教員：谷口 佳文[機械工学科]

信長　　　　　　　　　　　　　　　総得点：58.0　　　　　　　　　　　　　　　　　　　　　　　　質量：582g

転転

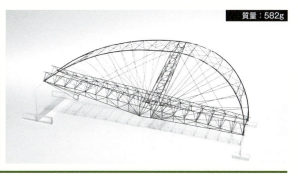

49 秋田高専　◎田口 元香（5年）、中塚 大雅、舘岡 浩志（3年）、北島 春香（2年）[環境都市工学科]／種倉 栞、三浦 奏大[創造システム工学科1年]
担当教員：鎌田 光明[創造システム工学科　土木・建築系　空間デザインコース]

群雄割拠　　　　　　　　　　　　　総得点：54.0　　　　　　　　　　　　　　　　　　　　　　　　質量：608g

C+u

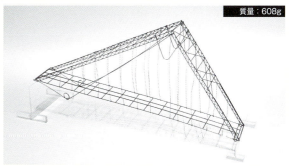

33 米子高専　◎加藤 光佑、大本 裕也、西村 亮佑、松下 隼（4年）、野田 夏希、森岡 咲里（3年）[建築学科]
担当教員：北農 幸生[建築学科]

群雄割拠　　　　　　　　　　　　　総得点：53.5　　　　　　　　　　　　　　　　　　　　　　　　質量：409g

稲二郎──稲田丸の意思を継ぐ者

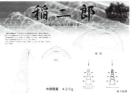
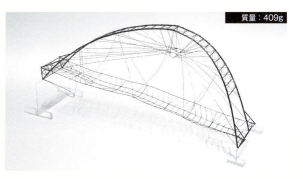

本選 50 作品

㊿	香川高専（高松）	◎中村 倫浩、野崎 ゆな、上高 正寛、三木 湧斗、宮川 和弥、住田 一晃［建設環境工学科4年］ 担当教員：高橋 直己［建設環境工学科］

群雄割拠　　　　　　　　　総得点：51.0　　　　　　　　　質量：823g

たかはしⅡ

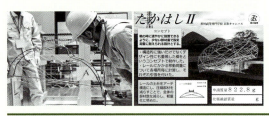
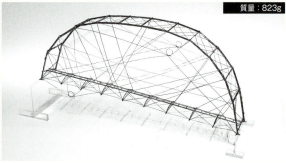

⑰	近畿大学高専	◎川上 貴央、中西 佳樹、伊藤 彰啓、浦 利樹、禿 寛弥［総合システム工学科5年］ 担当教員：松岡 良智［総合システム工学科都市環境コース］

信長　　　　　　　　　　　総得点：51.0　　　　　　　　　質量：842g

BENTEN

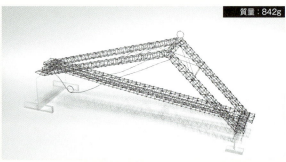

㊼	福井高専	◎岩崎 拓、片岡 元春、鉱島 颯士（3年）、山本 光騎（2年）［環境都市工学科］ 担当教員：吉田 雅穂［環境都市工学科］

信長　　　　　　　　　　　総得点：51.0　　　　　　　　　質量：1,315g

ガチン橋

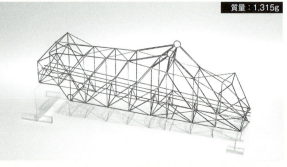

㉖	苫小牧高専	◎谷 和希（4年）、佐々木 拓海（3年）［環境都市工学科］／福元 遥（4年）、角田 洋太郎（3年）［機械工学科］／三和 峻也［創造工学科1年］ 担当教員：所 哲也［創造工学科］

信長　　　　　　　　　　　総得点：50.0　　　　　　　　　質量：1,837g

最＆鋼
——動かざること樽前山の如し

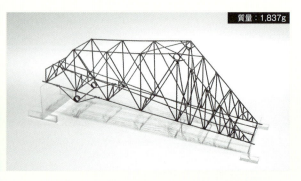

80　デザコン2017 岐阜

⑲ 福島高専

原田 真衣（専攻科2年）、鹿又 善憲（専攻科1年）[産業技術システム工学専攻]／草野 泰治（5年）、◎金野 実紗（4年）[建設環境工学科]／今井 晴子、川上 萌依[都市システム工学科1年]
担当教員：加村 晃良[都市システム工学科]

信長　総得点：47.0　質量：1,158g

桃源橋

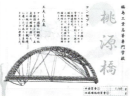
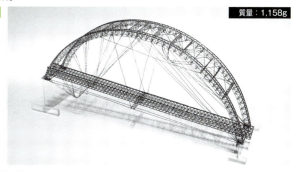

㊾ 香川高専（高松）

◎岡田 航汰　福岡 拓朗、三苫 憲伸（3年）、松原 華音、宮下 捺美（2年）、泉 陽彩（1年）[建設環境工学科]
担当教員：高橋 直己[建設環境工学科]

秀吉　総得点：44.1　質量：3,068g

オリーブリッジⅡ

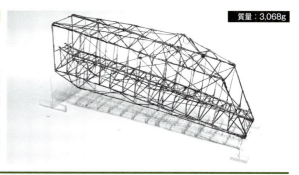

⑧ 豊田高専

◎市岡 崇詢、澤 洸太、中安 理、與那覇 雅也[建設工学専攻専攻科1年]
担当教員：川西 直樹[環境都市工学科]

群雄割拠　総得点：43.0　質量：1,001g

銅にかしようぜ！

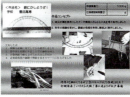
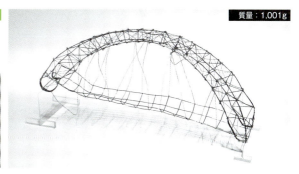

㊶ 長野高専

◎髙田 一哉、酒井 駿、寺澤 南海、赤坂 春風、清水 大輔（4年）、福原 涼斗（2年）[環境都市工学科]
担当教員：奥山 雄介[環境都市工学科]

群雄割拠　総得点：36.0　質量：1,476g

お〜い、橋か〜い

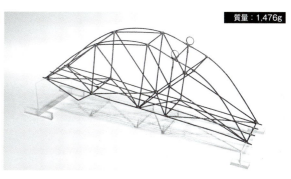

81

16 大阪府立大学高専

逢坂 涼平（5年）、◎上村 健太、入江 圭一郎、藤井 貴大、小田原 英義、平野 圭哉（4年）［総合工学システム学科都市環境コース］
担当教員：岩本 いづみ［総合工学システム学科都市環境コース］

群雄割拠　総得点：32.2

時をかける橋

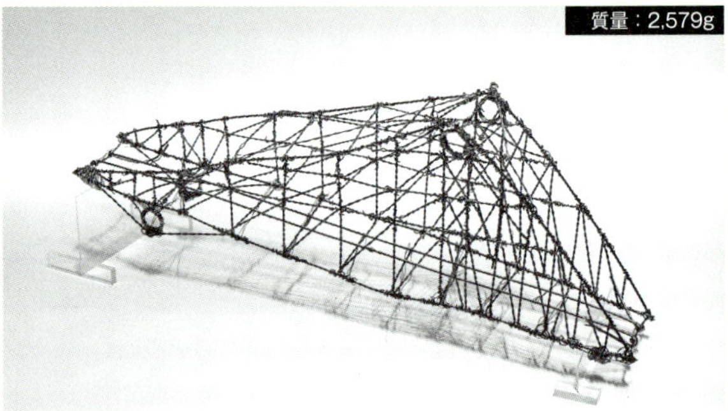
質量：2,579g

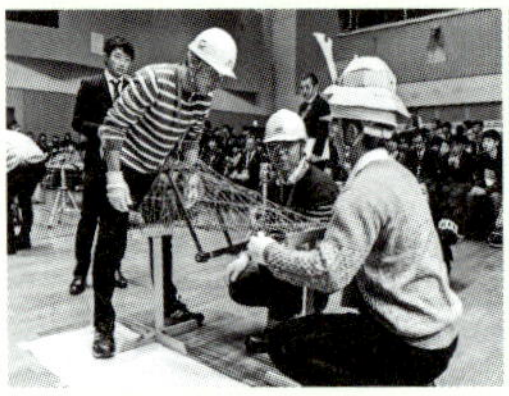

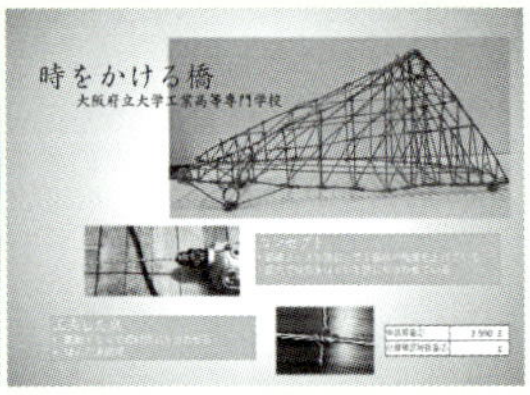
時をかける橋
大阪府立大学工業高等専門学校

34 松江高専

◎田中 建治、和田 拓己、川谷 光風（5年）、伊藤 大悟、岡本 彩果（3年）［環境・建設工学科］
担当教員：武邊 勝道［環境・建設工学科］

信長　総得点：30.6

けんじっち

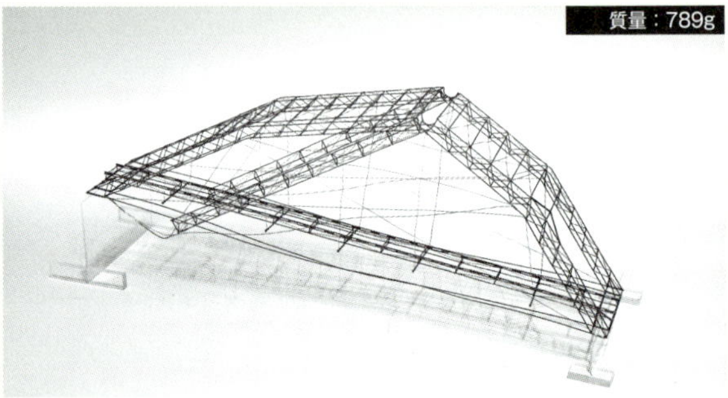
質量：789g

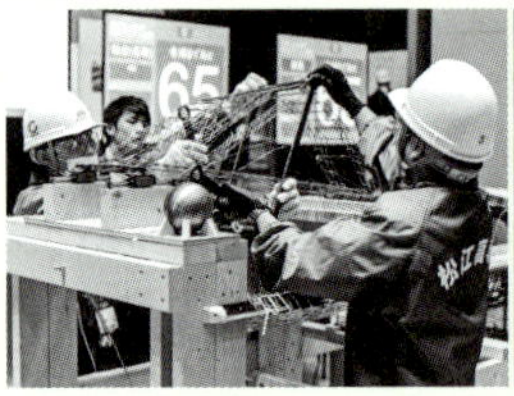

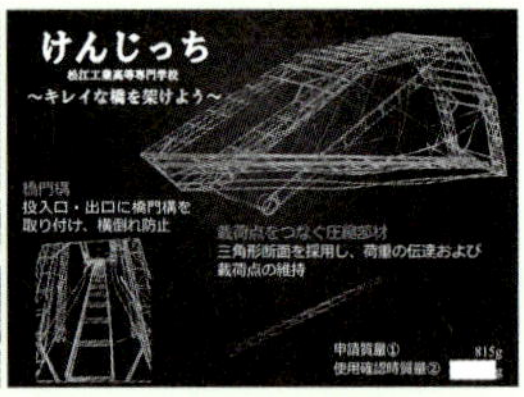
けんじっち
松江工業高等専門学校
～キレイな橋を架けよう～
橋門構
投入口・出口に橋門構を取り付け、横倒れ防止
載荷点をつなぐ圧縮部材
三角形断面を採用し、荷重の伝達および載荷点の維持
申請質量①
使用確認時質量②

50 長野高専

◎小林 礼奈、大野 夏奈、駒形 江美、勝山 大地、柴 博夢、中澤 智［環境都市工学科4年］
担当教員：奥山 雄介［環境都市工学科］

群雄割拠　総得点：27.3

橋の名は。

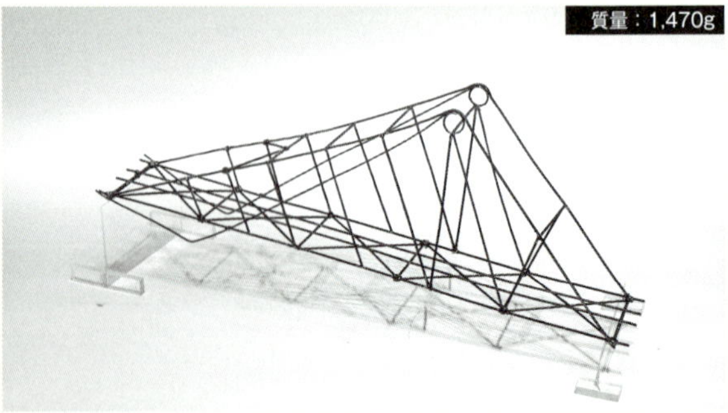
質量：1,470g

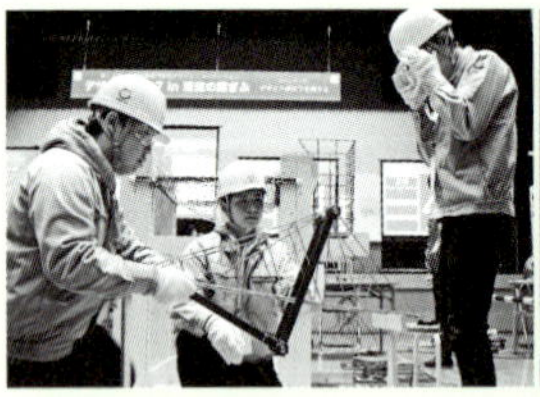

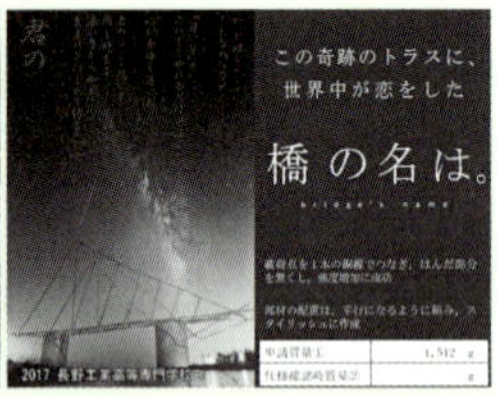
この奇跡のトラスに、
世界中が恋をした
橋の名は。
2017 長野工業高等専門学校

44 群馬高専

◎篠原 昇、小保方 拓哉（4年）、内田 匠、富澤 茉那（3年）、浅見 健斗（1年）［環境都市工学科］／江澤 喜朗［物質工学科2年］
担当教員：木村 清和［環境都市工学科］

群雄割拠　総得点：25.9

一心銅体

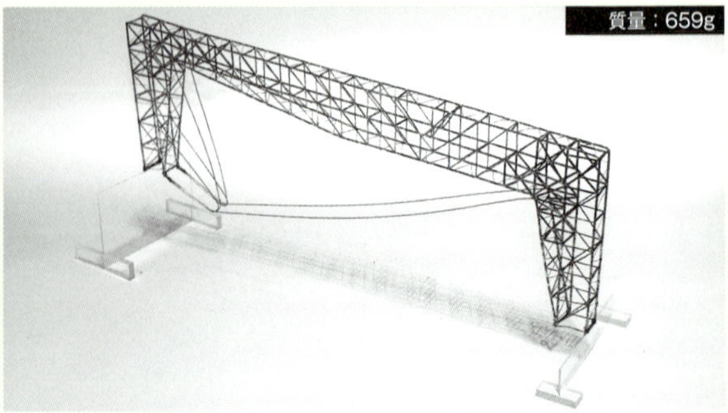
質量：659g

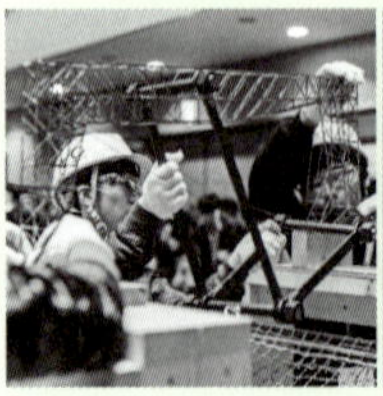

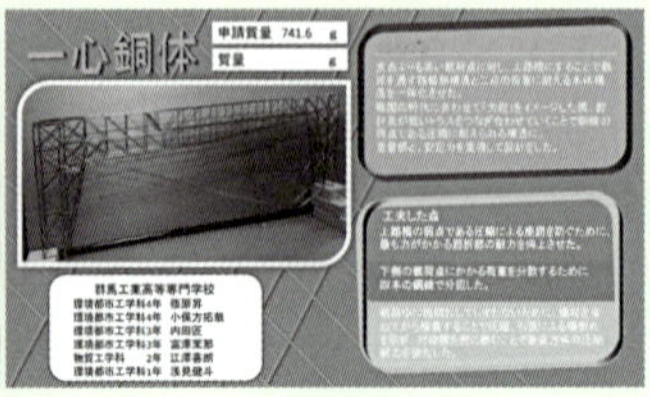
一心銅体
申請質量 741.6 g
質量 g
群馬工業高等専門学校

㉑ サレジオ高専

相原 弘典、内田 大我（4年）、◎森井 裕史、鈴木 晨平、小池 正義（3年）、佐藤 玄弥（2年）［デザイン学科］
担当教員：織田 豊一（谷上 欣也）［デザイン学科］

群雄割拠　　総得点：20.0　　質量：1,323g

Fuller

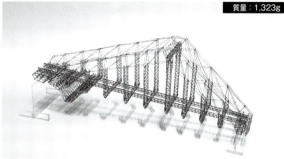

㉒ 長岡高専

◎高橋 寛成（専攻科2年）、西脇 天太（専攻科1年）［環境都市工学専攻］／佐藤 璃奈、島津 佑輔［環境都市工学科5年］
担当教員：宮嵜 靖大［環境都市工学科］

参戦不能　　総得点：16.1　　質量：1,661g

愛

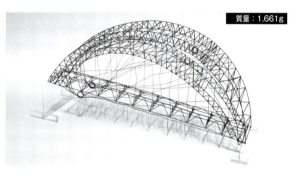

審査員紹介

構造デザイン

審査員長
岩崎 英治
いわさき えいじ

長岡技術科学大学大学院　教授

1962年	北海道生まれ
1985年	長岡技術科学大学工学部建設工学課程卒業
1987年	同大学院工学研究科建設工学専攻修士課程修了
1990年	同大学院工学研究科材料工学専攻博士課程修了　工学博士 同学建設系　助手
1998-2000年	徳山工業高等専門学校土木建築工学科　助教授
2000-07年	長岡技術科学大学環境・建設系　助教授
2007-12年	同　准教授
2012-15年	同　教授
2015年-	同大学院工学研究科環境社会基盤工学専攻　教授

主な活動
鋼橋を中心とした土木鋼構造の構造解析法をはじめ、腐食耐久性の向上のため腐食環境評価、防食法、および既設鋼構造の余耐力評価、リダンダンシー評価法などを中心に研究、活動。学会活動として、土木学会構造工学委員会継続教育小委員会　委員長（2012年-）、日本鋼構造協会「土木鋼構造診断士」テキスト改訂小委員会　委員長（2013年-）、土木学会鋼構造委員会既設鋼構造物の性能評価と回復のための構造解析技術に関する小委員会　委員長（2015年-）など

主な著書、論文
「耐候性鋼橋梁の可能性と新しい技術」（共同執筆、『テクニカルレポート』No.73、2006年、日本鋼構造協会）、「耐候性鋼橋梁の適用性評価と防食予防保全」（共同執筆、『テクニカルレポート』No.86、2009年、日本鋼構造協会）など

主な受賞
土木学会構造工学シンポジウム論文賞（2015年）など

中澤 祥二
なかざわ しょうじ

豊橋技術科学大学　教授

1970年	愛知県豊橋市生まれ
1993年	豊橋技術科学大学建設工学課程卒業
1995年	同大学院工学研究科機械・構造システム工学専攻修士課程修了
1997年	日本学術振興会　特別研究員（DC2）
1998年	豊橋技術科学大学大学院工学研究科機械・構造システム工学専攻博士後期課程修了　博士（工学）
1998年	日本学術振興会　特別研究員（PD）
1999-2007年	豊橋技術科学大学建設工学系　助手
2007-08年	同　助教
2008年	同　准教授
2008-09年	岐阜工業高等専門学校建築学科　准教授
2009-10年	豊橋技術科学大学建設工学系　准教授
2010-14年	同学建築・都市システム学系　准教授
2014年-	同　教授

主な活動
学会活動として、日本建築学会シェル空間構造運営委員会　委員（2004年-）、日本建築学会立体骨組小委員会　委員（2012-16年）など

主な論文
「シェル・空間構造の減衰と応答制御」（共同執筆、2008年、日本建築学会）、「ラチスシェルの座屈と耐力」（共同執筆、2010年、日本建築学会）、「ラチスシェル屋根構造設計指針」（共同執筆、2016年、日本建築学会）など

主な受賞
日本建築学会東海支部東海賞（1998年）、国際シェル・空間構造学会坪井賞（2002年）など

岩田 美幸
いわた よしゆき

国土交通省　職員

1965年	大阪府生まれ
1988年	京都大学工学部交通土木工学科卒業
1990年	同大学院工学研究科交通土木工学専攻修士課程修了 建設省（現・国土交通省）入省
1998-99年	同省関東地方建設局企画部　積算調査官
1999-2001年	同省河川局開発課　課長補佐
2001-03年	同省大臣官房技術調査課　課長補佐
2003-07年	外務省在オーストラリア日本国大使館　一等書記官
2007-09年	国土交通省関東地方整備局荒川下流河川事務所　所長
2009-12年	同省局企画部　企画調整官
2012-15年	同省大臣官房技術調査課　技術企画官
2015-16年	同省水管理・国土保全局河川環境課河川保全企画室　室長
2016-18年	内閣官房　内閣参事官（内閣官房副長官補付）
2018年-	国土交通省中部地方整備局　企画部長

主な活動
国家公務員として、官邸での危機管理担当など防災分野に幅広く従事するとともに、建設業関連の施策や、河川行政など幅広く経験

創造
デザイン部門

課題テーマ
地産地"興"
（ちさんちきょう）

人口急減・超高齢化という大きな課題に対し、日本各地で「地方創生」の取組みが進んでいる。その中で、大学・高専には「地（知）の拠点」として、地元の自治体や企業と連携・協働しながら地域課題を解決し、地方創生を進める役割が求められている。全国各地に配置された高専ならではの強みを最大限に生かせば、時代の要請に応えられるのではないだろうか。

「地産地"興"」には、「地域資源を生かして、地域振興を目指す」という意味をこめている。高専が「地（知）の拠点」としての役割を果たしつつ、地域ならではの資源を生かし、地方創生を実現するための具体的なシステムを提案してほしい。

- □ 予選応募作品 **47**
  - タイムライン
  - 予選
  - 2017.09.04-09.08　予選応募
  - 2017.09.28　　　　予選審査

- □ 本選参加作品 **10**
  - 本選
  - 2017.12.02　プレゼンテーション
  - 2017.12.03　ポスターセッション
  - 　　　　　　講評

- □ 受賞作品 **6**
  - **最優秀賞**（文部科学大臣賞）
    - ㊽秋田高専『竿燈見に来てたんせ』
  - **優秀賞**
    - ⑳仙台高専（名取）『うらとのさち・あらたなかち』
    - ㊷仙台高専（名取）『イノシシと共存、丸森で共存』
  - **審査員特別賞**
    - ⑦岐阜高専『地域住民が運営するコミュニティカフェ——本巣市北部地域を対象として』
    - ⑱石川高専『雨のち、金沢　のちのち金沢』
  - **総合資格賞**
    - ⑩舞鶴高専『健輪のムコウ』

86　デザコン2017 岐阜

最優秀賞
文部科学大臣賞
48 秋田高専

竿燈見に来てたんせ

◎澤石 卓磨、福田 誠 [環境システム工学専攻専攻科1年]
担当教員：鎌田 光明 [創造システム工学科]

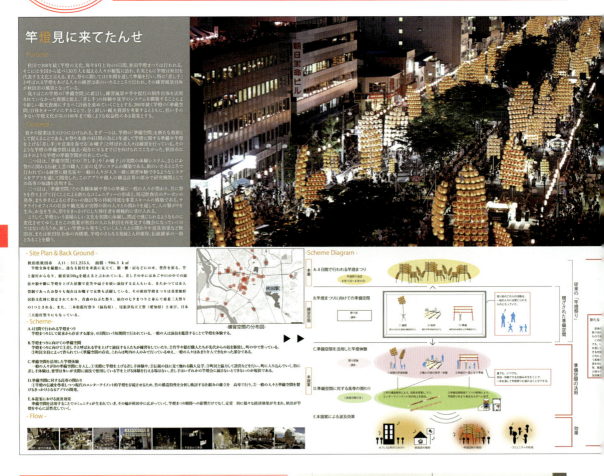

提案主旨：
秋田県には、がん死亡率と自殺率がともに全国ワースト1（2016年人口動態統計、厚生労働省）という負の課題がある。問題解決のために、今後の秋田には職の創出や県民の心身のケアが必要だろう。

* 88～95、108～111ページの氏名の前にある◎印は学生代表
* 高専名の上または左にある2桁数字は作品番号
* 88～95ページの審査講評は、2017年12月3日の3人の審査員による講評を合わせて作成

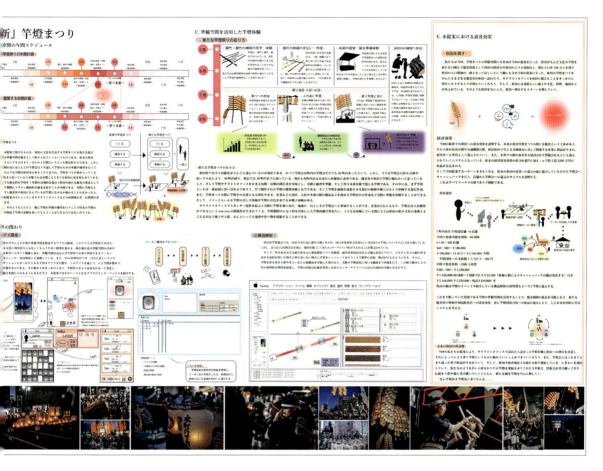

▶**審査講評**
▶閉鎖的になりがちな祭の「準備空間」を新たな地域資源としてとらえ、観光と同時に、祭という伝統文化の継承を目指したチャレンジング（挑戦的）で大胆な提案として評価できる。祭保存会や地元自治体の意向確認を踏まえているため実現性も期待できる、説得力のあるすぐれた提案である。

89

優秀賞 20 仙台高専（名取）

うらとのさち・あらたなかち

◎仲村 拓馬、金子 ひかり（5年）、伊藤 若菜（4年）［建築デザイン学科］
担当教員：小地沢 将之［総合工学科］

提案主旨：
高齢化率56.7%（2013年度10月末住民基本台帳値）の宮城県浦戸諸島は、明治期の町内合併によってできたため諸島全体の共同性は弱い。また、諸島には商店や飲食店がないため諸島民は買物のために本土へ渡らなければならない。各島の特産物、本土から浦戸諸島にある浦戸小中学校に登校する小中学生、災害危険区域、空き家といった地域資源によって、これらの課題を解決し地産地"興"を起こす。

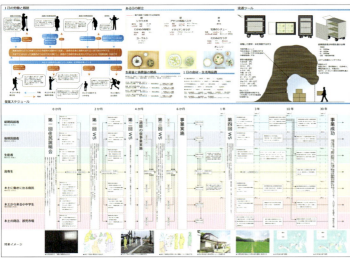

審査講評
▶地域課題の細部にまで配慮した計画に仕上げた、地産地"興"のシステム提案のお手本のような作品である。分析と課題抽出が鮮やかで、地区住民全体での取組みとしている点もすばらしい。ただし、全ステークホルダーを対象としているため、実現化へのハードルが高くなることは否めない。

優秀賞 42 仙台高専（名取）

イノシシと共存、丸森で共存

◎星 祐希 [生産システムデザイン工学専攻専攻科2年] ／大沼 薫、渡邉 百花 [建築デザイン学科5年]
担当教員：小地沢 将之 [総合工学科]

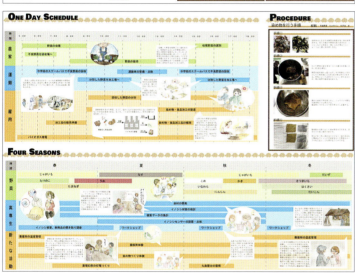

提案主旨：
宮城県丸森町では、東日本大震災以降、イノシシが増加傾向にある。そのためイノシシに農家の作った野菜が食べられてしまうなどの被害が増大し、深刻な問題となっている。そこで、害獣被害にあった野菜や不良野菜などゴミと思われていたものを地域資源ととらえ、丸森町の新たなブランド製品と製品の加工に伴う雇用の創出を提案する。

審査講評
▶東日本大震災による福島原発事故の風評被害などの社会問題を背景にした切実な地域課題。それに対する、「イノシシ」をキーワードに多岐にわたる波及効果までを含んだ提案として評価できる。さらに不用野菜を高専の学生主導で草木染へと展開しつつあるなど、提案内容の実現化が期待できる点もすばらしい。

91

審査員特別賞 07 岐阜高専

地域住民が運営するコミュニティカフェ
―― 本巣市北部地域を対象として

相崎結衣、木村 大地、◎杉山 菜々子［環境都市工学科5年］
担当教員：菊 雅美、吉村 優治［環境都市工学科］

審査講評

▶岐阜の食に関わる県民性を背景としているものの、個々のプロジェクト自体は斬新さに欠ける。しかし、高専や高専の学生が主体となって計画を進める姿勢は特筆に値する。岐阜高専実践技術者単位認定と連携させたり、地元自治体の小さな助成金利用など、実現化に向けてさまざまな提案が盛り込まれている点を評価した。

創造デザイン

審査員特別賞 18 石川高専

雨のち、金沢　のちのち金沢

深田 蒼翔、東 義貴（5年）、◎高橋 杏奈、高野 莉緒、木下 範起（4年）［建築学科］
担当教員：森原 崇［建築学科］

審査講評

▶雨を地域資源とみなし、伝統文化、観光に結び付けたことは、地域性を十分に生かした取組みとして評価できる。傘をブランド化するためのプレゼンテーションにはインパクトがあった。また、雨×五感のアート的な展開は秀逸で、それだけで大いに可能性を感じられた。

総合資格賞 10 舞鶴高専

健輪のムコウ

◎木村 悠希、田中 甫 [建設システム工学科建築コース4年]
担当教員：尾上 亮介 [建設システム工学科]

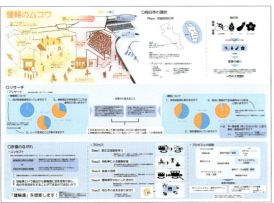

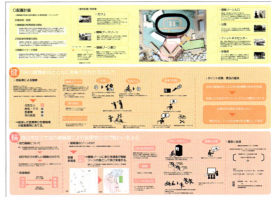

審査講評
▶自治体の財政的な課題となっている大規模公共施設を取り上げ、賭けを行なう場とイメージされがちな競輪場に挑み、市民アンケートを踏まえ「健輪」というコンセプトの提案にチャレンジした点は評価できる。競輪と健輪に接点を持たせる配置計画などで競輪のイメージ転換に貢献したり、高専がこの計画にどのように関わるのかをもっと盛り込めるとさらによかった。

本選作品 14 サレジオ高専

よ・るーと ── 寄る×route（道）

河村 麻希（4年）、◎櫻井 詠大（2年）、上野 心、齋藤 由佳（1年）[デザイン学科] ／山本 啓太 [電気工学科2年]
担当教員：谷上 欣也 [デザイン学科]

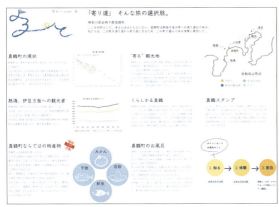

審査講評
▶神奈川県真鶴町の水産資源を活用する案としては理解できるが、「よ・るーと」5ステップの観光から移住へ転換させる提案の実現性には懸念がある。現在の移住者や観光動向に照らして、もう少し検討を深められるとよかった。

本選作品 21 仙台高専（名取）

伊達なりー

池田 秀、伊藤 廉、◎長濱 柊（5年）、佐竹 皓基（4年）［建築デザイン学科］
担当教員：小地沢 将之［総合工学科］

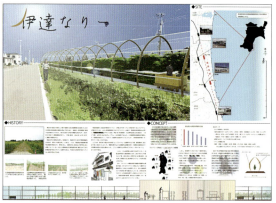

審査講評
▶ブドウ産地であった歴史を踏まえ、東日本大震災後の鉄道の軌道移設に伴い未利用となった軌道跡地を活用するという難しいテーマに意欲的に取り組んでいる。高専発信、廃線活用、作物栽培用ハウス開発とその波及効果を示した夢のある提案だ。ただし、地域や農業との連携やハウス製作について検討し、もっと実現性を高められるとよかった。

本選作品 41 米子高専

法勝寺電鉄線の復活 ── シニアカーを添えて

加納 菜月［建築学専攻専攻科1年］／◎大浦 和恵、門城 月穂（5年）、岡田 仁子（4年）［建築学科］
担当教員：金澤 雄記［建築学科］

審査講評
▶ローカル線の廃線や高齢者の移動に視点を当て、「最強のお散歩アイテム」としてシニアカーに着目した点はユニークである。しかし、本来は自由に動ける散歩に代えて軌道上を走らせる理由や、そのメリットをもう少し整理できるとよかった。また、すでに軌道が撤去されているなど、法勝寺電鉄線での実現性には懸念がある。

本選作品 44 阿南高専

Cで創るコミュニティ

◎海部 登生（4年）、白石 智也（2年）［創造技術工学科建設コース］
担当教員：池添 純子［創造技術工学科］

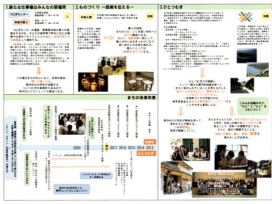

審査講評

▶廃保育園の利活用法としては一般的だが、地域に「ひとつむぎ」プロジェクトを定着させ、交流拠点をつくる提案としては理解できる。また、「ひとつむぎ」プロジェクトと徳島県牟岐町との良好な連携を背景として、高専の技術力が計画に組み込まれている点も評価できる。この提案に基づく活動を通じ、提案者を含めた阿南高専の学生が「ひとつむぎ」プロジェクトでリーダーシップをとれるまでに成長することを期待したい。

募集に際しての審査員からのメッセージ

箕浦 秀樹（審査員長）

若者の目で隠れた地域資源を発掘

今の高専の学生が50代になる頃に日本は「限界集落列島」と化す。つまり、激減してしまう働き盛りの人が、激増した高齢者を支えるという想像したくない社会が予測されているのだ。この状況の打破には地域振興が欠かせない。現在でも、地方に脈々と伝わってきたすぐれた文化や伝統が「絶滅種」「絶滅危惧種」となるなど、地方衰退の現状はあまりにも重い。

地域活性化の試みは、確かに数多くあるが、往々にして一過性で終わるケースが多い。地方の活性化には活動の継続が必要で、そのための工夫、知恵、努力が肝心である。その点からも、今回のデザコンで「地産地興」を謳う意義は非常に大きい。地域活性化には、若者の参加が不可欠であるからだ。

日進月歩の技術開発の競争に携わった後に地域興しの手伝いをしてきた者として、地域興しの担い手が大学や高専と、さらには企業やNPO法人などとリスペクトし合う協働が実現すれば、新しい価値観を含めた大きな可能性をつくり出せるに違いないと確信している。

何も大上段に構える必要はない。すでに認知されている地域資源を活用するアイディアはもとより、隠れた地域資源を若者の目で発掘することの意義が大きい。若者が地元で仕事をしたい、活躍したいと思えるために、「こんなものがあったら」「こんなことができたら」といった素朴な思い。今、身近にある何かを手がかりに、この思いの実現への道筋を考えるのも良い。

中でも、私が大切にしたいのは、個々人やチームの熱い心。人生の先輩たちの心に届くパッションである。

ITを活かした若者らしいセンスなど、高専の学生のインテリジェンスを加えて、従来の概念にとらわれない、さまざまなアイディアが出てくることを期待している。この課題に積極的にチャレンジし、その成果を高専で学んだ立派な証にしてほしいと心より願っている。

本選

本選審査総評

地域の課題も地域の資源に
—— 若者から見た地産地"興"の柔軟性

箕浦 秀樹（審査員長）

地域の衰退を憂い、活性化を願う学生の思い

「地域地"興"」をテーマとした今回は、予想を上回る47作品と、前年の2倍を超す応募数となった。この応募数に、地域の衰退を憂い、活性化を願う高専の学生の思いを感ずることができたのが大きな収穫である。

また、内容の充実したプレゼンテーション用ポスターも印象的であった。提案内容をイメージさせるオリジナルの挿絵、綿密な現地調査に裏付けられた実に細かい事業内容と実施スケジュールなど、専門家顔負けとも思われる作品が目立った。

各地における既存のまちづくりの取組みでは、その地域特有の資源を発掘し、それを有効活用して特産物を作って販売する、イベントを開催するといった試みが広く行なわれている。そして、全国に販売網を広げ、ひいてはその街の知名度を上げて客を呼び込もうというプラン（計画）を立てるケースが多い。しかし、結果として、いずこも類似した特産物を作り出すことになったり、事業の担い手の高齢化などがあり、事業の継続が困難になりがちである。そういう意味で、今回、20歳前後の若者が、地産地消のコンセプトで、その地域の活性化へと導くさまざまなプランを考え出した意味は大変大きい。

負の地域資源を活用する斬新さ

既存の地域資源活用の事例に比べて特徴的であったのは、負の地域資源を活用して地域の活性化をもたらそうという提案が多かった点である。空き家、廃校舎、廃線路といった地域の「お荷物」と思われるものに留まらず、多雨地域の雨、東日本大震災後に急増した野菜の食害に伴う不用野菜など「まさにこれぞマイナス」といったものを、学生の知恵を絞って有効活用しようという提案には斬新さが感じられた。

地域性、将来性、自立性、具体性、実現性

本選審査では、予選審査での地域性、将来性、自立性、具体性の4つの評価指標に、実現性という視点を加えて評価した。言うまでもなく、あくまでも教育機関のプログラムであることに起因する限界はあるとはいえ、単なる夢物語に終わりかねない提案に対しては、評価点をいささか下げざるを得なかった。その中で、伝統的な文化行事を担っているシニア中心の団体に入り込んで、一緒に取組みを現実化している作品には、強い印象を受けた。

地域活性化のためのさまざまなアイディアが詰め込まれている今回のエントリー作品すべてを、地域社会の人々にも示せる機会があればと願わざるを得ない。そして、高専の学生には、今回の提案をデザコン用に留めることなく、後輩諸君に引き継いで事業の実施、実施結果に基づくブラッシュアップといったPDCA（plan-do-check-act）サイクルを繰り返しながら、地域社会に新風を吹き込んでいってほしいと心より願っている。

全体としては、発想の斬新さ、内容の緻密さ、さらには実際に地域社会に入り込み始めての取組みなど、若者の能力、意欲、エネルギーを実感しながら、ワクワク感をもって審査できたことをうれしく思っている。

「今どきの若者はねえ、、、」とは言わせない、若者たちと直接話せる機会を与えてもらったことに感謝したい。

最優秀賞（文部科学大臣賞）を受賞した、秋田高専『竿燈見に来てたんせ』［48］の秋田市竿燈会や町内会と協力して進める活動を紹介する記事が、2017年12月21日付『秋田さきがけ新聞』紙上に掲載された。1年を通して、観光客が秋田竿燈祭の練習の見学や体験を気軽に参加町内会に申し込めるよう開発したスマートフォン用アプリの実証試験を、2018年夏の本番に向けて実施する計画だ。デザコンの課題テーマに応えた提案が、地域の現場で、アイディアから実用へと確実に花を開き始めている。

＊文中の作品名は、サブタイトルを省略。高専名（キャンパス名）『作品名』［作品番号］で表示
＊文中の［　］内の2桁数字は作品番号

「高専の学生が地域を変える」可能性を見た

武藤 隆晴（審査員）

強い意志とエネルギー、自信

　予選では、全般的に地域課題解決型の提案が多く、負の財産と思われがちな部分を若者らしい斬新な切り口でとらえて活性化につなげる試みが目を引いた。そして、アイディアの良さや実現性、地域状況のとらえ方に秀でた提案や、ブラッシュアップでの伸び代を期待した提案など10作品が本選に残った。

　本選のプレゼンテーション、ポスターセッションを通じて、予選では感じ取れなかった提案者の強い意志とエネルギー、そして、地域との関わりから得た自信が伝わり、予選からの短い期間を有意義に活用し、提案を磨き上げてきた跡が見て取れた。

実現に向けた第一歩に感銘

　また、実現までにまだまだ高いハードルが予想されたり、取組みの多くを他のセクターや関係者に委ねていたりなど、少し残念な提案もある中、すでに地域と連携し、実現に向けた第一歩を踏み出している提案があったことに強い感銘を受けた。特に、秋田高専『竿燈見に来てたんせ』［48］は、視点と展開の良さはもとより、ブラッシュアップの段階で地域との交流が生まれ、実施に向けて動き出した提案であり、提案者の今後の活動に向けた強い意志と地域愛が高く評価された。その他、「イノシシ」（「42］）や「雨の日」（［18］）など、地域の課題をうまく強みに転換し、実効性の高い内容にできた提案が上位を占めた。

　これを契機に、1つでも多くの提案が現地で実践されていくことを願っている。また、会場での高専の学生たちの一途な姿勢に頼もしさを感じるとともに、デザコン2017創造デザイン部門での「提案から実践への可能性」を見て、改めて本大会の大いなる意義を感じた。

新たな地域づくりの予感

嵯峨 創平（審査員）

高専独自の役割、短期的な目標を要請

　今年の課題テーマ「地域地"興"」は、地域資源を生かして地域振興を目指すという主旨で、全国の「知（地）の拠点」である高専の持つ専門技術という特長を生かして、地域と高専によるデザイン・プロセス（問題解決に至るまでの進め方）と同時に、具体的なアウトプットを示してほしい、というレベルの高い課題だった。

　予選審査では、8時間かけて本選参加10作品を選定した。その過程で全国各地の高専の若者たちが地域課題に真正面から向き合い、その問題点を正確に理解していることに驚かされた。具体的なテーマ設定では、地域の負の遺産（弱み）と見做される施設や拠点などを起点に、コミュニティの活性化や交流の拠点を生み出す提案が多かった。本選参加作品には、計画のプロセスを組み立てる中で、高専独自の役割、短期的に目指す成果をより明確にすることを求めた。

バランスにすぐれた実現性の高さを評価

　本選参加10作品には、予選時の審査員からの注文を真摯に受け止め、改善努力した跡が認められた。受賞した6作品はいずれも、地域課題の的確な把握、取組み可能な適切なテーマ設定、高専の専門技術の活用、地域コミュニティとの関係づくり、目指す成果（仕組み、製品、拠点など）のバランスにすぐれた実現性の高い提案内容であった。特に得点の上位3作品、秋田［48］、宮城県浦戸諸島［20］、宮城県丸森町［42］のプロジェクトは、提案作成の過程ですでに現地関係者との具体的なやり取りや試行的アクションが始まっており、高専提案の新たな地域づくりの動きが始まることを予感させた。

　デザコンでは後発ながら本部門は、従来の専門技術分野での応用力を問うだけの範疇に留まらず、他分野の専門技術を統合し、未知の技能も吸収しつつ、地域コミュニティという不確定なパートナーとの協働による提案を求めるという点で、若き技術者の卵たちに新たなチャレンジを求める重要な部門である。今回の審査で実感した、高専が保有する潜在能力の高さと、地域づくり発信拠点としての可能性に期待して、次年のデザコンへの展開を楽しみに待ちたいと思う。

本選審査経過

地元に潜む地域興しのタネ

チャレンジングな課題設定

　今回の課題設定では、全国各地に配置されている高専ならではの強みを最大限生かしつつ、「地（知）の拠点」として、地元自治体や企業と連携・協働しながら地域課題の解決や「地方創生」を進めるという、時代の要請に応えていくことを目指した。

　そこで、これまでになかった提案要件を2つ追加している。1つは、フィールドワーク、インタビュー調査、データの分析などにより「現場の情報に当たること」を通して地域の課題をとらえること。2つめは、高専や高専の学生が提案内容に関わるプロセスデザイン*1にすることである。プロセスデザインとは、創造デザイン部門の目指す「ことおこし」に不可欠な提案形態であるが、日常では聞き慣れない言葉だ。その難解な概念を応募者に的確に伝えるために、募集要項に概念図を掲載した（図1参照）。

　こうしたチャレンジング（挑戦的）な課題設定がどの程度、学生や指導教員たちに受け止められるか？　と思いながらのスタートであったが、本選を勝ち抜いた10作品をはじめ数多くの応募作品が我々の思いを受け止め、直球でストライクゾーンに返してくれたことに審査員ともども大きな感動を覚えた。これからの混沌とした時代の中で、高専としての役割や、さらなる高専の可能性を見出すきっかけを与えてくれた。

（鶴田 佳子　岐阜高専）

註
*1　プロセスデザイン：問題解決や目標達成のために、計画内容の実施する順序や段階、想定される成果や障害などを整理し、最良の手順を検討して、要求や環境に応じた固有の計画遂行の過程を作成すること。また、複数の方法について検討して最良の方法を選択すること。

展示設営：工夫を凝らした各展示ブース

　本選は、プレゼンテーション（口頭発表）、ポスターセッションで審査される。予選を通過した10作品には、各々に説明用ポスター（A1判2枚）を掲示できる展示用パネル1枚と、展示スペースとして天板1,800×600mmのテーブル1台が与えられた。限られたスペースで自分たちの作品をどのように表現するか。この展示の表現手法が、作品ごとにさまざまなのが創造デザイン部門のおもしろさでもある。

　今年も、模型やモニタを使ってのパソコンによるスライドショーだけでなく、提灯、染め物、和傘、本物の喫茶店のモーニングセットなど、個性的な展示物が並んだ。

（青木 哲　岐阜高専）

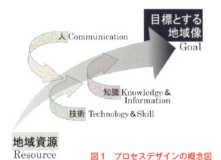

図1　プロセスデザインの概念図

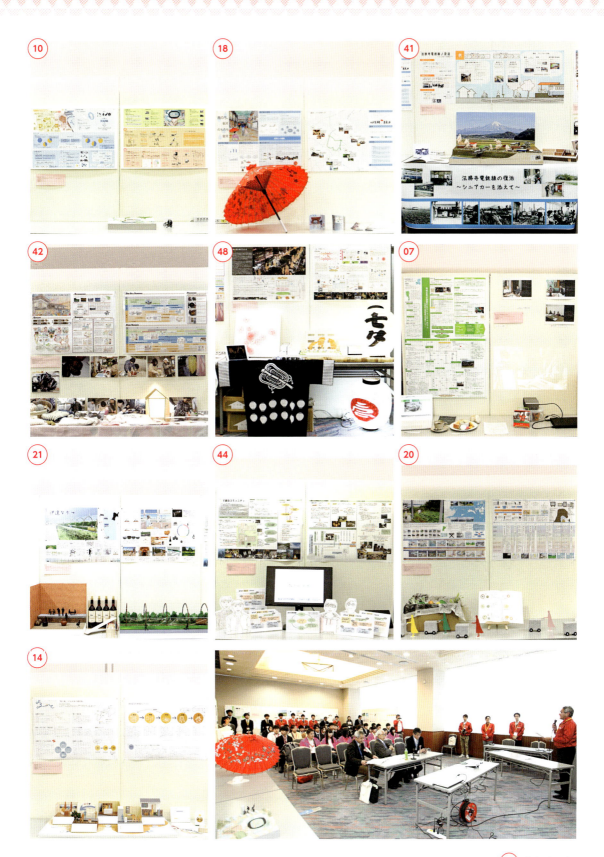

⓪⓪ ：数字は作品番号

＊文中の作品名は、サブタイトルを省略。高専名（キャンパス名）『作品名』［作品番号］で表示。
＊文中の［　］内の2桁数字は作品番号

99

プレゼンテーション：
高専の学生の果たす役割は？　現在と将来について次々に質問が

　1日めのプレゼンテーションは、パソコンでパワーポイントを使った口頭発表形式で行なわれた。各作品の持ち時間は発表10分、質疑応答5分の計15分である。発表の順番は受付時に抽選で決定された。

　スタートは舞鶴高専『健輪のムコウ』[10]からである。学生の発表が終わると早速、「健康は長いスパンで考えなければならないが、具体的に何からスタートさせるのか」（箕浦）、「競輪にはネガティブなイメージがあるが、競輪自体のイメージを良くしていく意図もあるのか」（嵯峨）、「市が自転車に関わることで、どのようなまちづくりに発展するのか？」（武藤）など、各審査員から鋭い質問が浴びせられた。

　他の作品への質問例も挙げてみよう。米子高専『法勝寺電鉄線の復活』[41]には、沿線人口やニーズなどの数値に関する質問が、仙台高専（名取）『伊達なりー』[21]に対しては、ブドウ生産の技術や運営に関する質問が投げかけられた。岐阜高専『地域住民が運営するコミュニティカフェ』[07]では、高専側の支援体制の維持方法について、阿南高専『Cで創るコミュニティ』[44]に対しては、高専の所在地と牟岐町との距離について、仙台高専（名取）『うらとのさち・あらたなかち』[20]には、島民に対する情報発信方法、初期投資に対する質問、サレジオ高専『よ・るーと』[14]へは、宿泊経験や移住者へのヒアリングの有無についての質問があった。

　審査員の質問は、評価指標として挙げた4つの視点（地域性、将来性、自立性、具体性）と、今回新たに加わった「高専の学生の役割」に関するものが中心であり、かなり突っ込んだ厳しい質問は、学生の提案に対する期待の裏返しであるように思えた。全体的に緊張した面持ちで発表に臨むチームが多い中、仙台高専（名取）『イノシシと共存、丸森で共存』[42]がワークショップで染めたシャツを着用したり、秋田高専『竿燈見に来てたんせ』[48]が竿燈をかざし上げる実演を行なうなど、創意工夫を凝らしたプレゼンテーションも見られた。

　プレゼンテーションは時間通りに終了。ここで質問・指摘された事項について、翌日のポスターセッションで、うまく説明できるかどうかが勝負の分かれ目となりそうであった。

（青木 哲　岐阜高専）

ポスターセッション：
実現性への踏み込んだ質問は、今後の展開への期待

　2日めのポスターセッションは、各作品ごとに学生たちが提案内容を説明するために作成した展示ブースで、改めて審査員に内容を説明し質問に答える場として、実施された。学生1人は必ず常駐した各展示ブースを、3人の審査員が別々に巡回する審査方式で、学生の説明や質疑応答の内容が審査された。各チームは、初日のプレゼンテーションで審査員から受けた質問に関する追加説明資料や提案の魅力をさらに伝えるための模型などを準備し、審査に臨んだ。

　本選参加作品は、いずれも予選段階で、コンセプトについて審査員から高い評価を得ている。このため、ここでは、実現性、高専の具体的な役割、持続可能性（事業の担い手）など、事業計画を煮詰めていく上で重要な視点について、審査員から踏み込んだ質問が投げかけられた。各チームの学生は、これまでの調査で得た知識や提案内容に対する熱い思いをもって、質問に熱心かつていねいに答えていた。

　各展示ブースの様子を少し拾い上げたい。石川高専『雨のち、金沢　のちのち金沢』「18」は、和傘のレプリカを展示して「雨」というコンセプトを強調した。審査員には、雨という厄介モノ扱いされがちな存在に着目し、観光資源として活用しようとした点が高く評価された。「雨水タンクの視点はなくていい。和傘と観光というコンセプトでシンプルにしたほうがわかりやすい」（箕浦）など、今後の展開に向けた助言も見られた。仙台高専（名取）『イノシシと共存、丸森で共存』「42」は、染め物や地元生産野菜の写真などの展示とともに、パネルに描かれたオリジナリティあふれるイラストなどで工夫を凝らした展示ブースが高く評価された。「イノシシの増減による事業の安定性への影響をどう考えるか」（武藤）など、長期的視点からの事業継続性が問われた。舞鶴高専『健輪のムコウ』「10」では、公園や競輪場の配置模型を用いた学生の説明に、「現実社会をとらえた時、現在の競輪場に愛着を持っている層への配慮も重要」（嵯峨）など、実現化に向けた課題を導く議論が展開した。

　予定を15分オーバーした12:15に全展示ブースへの巡回を終了。その後、3人の審査員が採点し、得点集計に基づき10作品に順位が付けられた。

（川端　光昭　岐阜高専）

講評：得点順に受賞作品が決定
夢や将来性を重視か？　実現性か？　審査は紛糾！

　講評は14:00からの予定であったが、審査員の協議が長引き5分遅れで始まった。得点集計の結果、6位の3作品から入賞1作品を選ぶための審議に時間を要したからだ。
　「雨とか獣による食害野菜といった負の出来事を、逆に有効に活用したまちづくりなど、斬新で積極的な提案が印象的だった。何よりも一生懸命に地域の活性化を訴える高専の学生の姿に未来を感じた」という、箕浦審査員長の全体講評に続いて、審査講評を記載した全作品の得点集計結果を会場前面のスクリーンに提示。それを見ながら、武藤・嵯峨両審査員が各入賞作品への講評を発表した。
　講評に先立ち、審査員は採点の集計結果をもとに、合計得点の上位8作品について協議の上、以下のような経緯で受賞6作品を決定し、各作品の審査講評を作成していた。
　まず、得点率90%を獲得した最高得点の秋田高専『竿燈見に来てたんせ』[48]を最優秀賞（文部科学大臣賞）、優秀賞には2位、3位の仙台高専（名取）『うらとのさち・あらたなかち』[20]、『イノシシと共存、丸森で共存』[42]、審査員特別賞には、4位、5位の石川高専『雨のち、金沢　のちのち金沢』[18]、岐阜高専『地域住民が運営するコミュニティカフェ』[07]を順当に選出した。しかし、受賞の残り1席を巡り、審査が難航。38点の同点で並んだ3作品（[10][21][44]）について長時間の協議の結果、「地方自治体の財政的な課題となっている大規模公共施設、中でもイメージの悪い競輪場に挑み、市民アンケートを踏まえ『健輪』というコンセプトの提案にチャレンジした点」を特に評価し、舞鶴高専『健輪のムコウ』[10]を最終的に審査員全員一致で総合資格賞に選出した（表1参照）。
　結果として54～34点の差が付いたが、10作品の差はわずかであり、やや実現性には欠けるが夢や将来性を重視した作品、具体性にこだわった作品など、重視する視点を変えると得点が逆転するものが多かった。5つの評価指標の重みに差を付けるなどの工夫をしないと（各評価項目が4点満点×5指標＝20点満点）優劣を付けるのが大変難しく、審査員を悩ませた。審査員のとらえ方や好みによっても、優劣が変わるし、また、おそらく審査員が変われば判断は異

なるだろう、という審査員の意向にしたがって、講評では、各作品に評価の詳細が伝わるように、審査講評を記載した全作品の得点集計結果の一覧を提示し、各入賞作品への審査講評を発表したのである。なお、選外2作品（[14][41]）の審査講評は時間内に間に合わず、閉会式後に再度審査員が推敲し、後ほど両者に、審査講評記載の結果一覧を渡している。
　また、講評後に全参加チームにこの一覧の出力紙を配布。翌日には本選出場全10作品に対し、取扱注意の一筆を添えて、学生指導の参考用に評価指標別の審査結果一覧表をE-mail添付にて配布した。
（吉村　優治　岐阜高専）

表1　本選──得点集計結果

作品番号	作品名	高専名（キャンパス名）	①[20点]	②[20点]	③[20点]	合計[60点]	受賞
48	竿燈見に来てたんせ	秋田高専	19	19	16	54	最優秀賞*1
20	うらとのさち・あらたなかち	仙台高専（名取）	12	19	20	51	優秀賞
42	イノシシと共存、丸森で共存	仙台高専（名取）	14	17	19	50	優秀賞
18	雨のち、金沢　のちのち金沢	石川高専	13	18	17	48	審査員特別賞
07	地域住民が運営するコミュニティカフェ	岐阜高専	14	16	15	45	審査員特別賞
10	健輪のムコウ	舞鶴高専	13	11	14	38	総合資格賞
21	伊達なりー	仙台高専（名取）	11	10	17	38	
44	Cで創るコミュニティ	阿南高専	12	12	14	38	
41	法勝寺電鉄線の復活	米子高専	9	11	17	37	
14	よ・る－と	サレジオ高専	10	10	14	34	

註
＊1　最優秀賞：最優秀賞（文部科学大臣賞）
＊各審査員欄の点数は、5つの評価指標（地域性、将来性、自立性、具体性、プレゼンテーション）に基づき、各指標ごとに4段階で評価した点数を合算したもの。各審査員は、各作品を20点満点（4点×5指標）で評価（開催概要参照）。合計得点の上位8作品について協議の上、各賞を決定
＊表中の作品名は、サブタイトルを省略
＊各審査員の評価は非公開のため①②③で表示

開催概要

創造デザイン部門　概要

【課題テーマ】地産地"興"

【課題概要】
人口急減・超高齢化という日本が直面する大きな課題に対して、各地で「地方創生」の取組みが進められている。これは、各地域がそれぞれの特徴を活かした自立的＋自律的で持続的な社会を創生するために、人々が安心して生活を営み、子供を産み育てられる「まち」を創り、「しごと」が「ひと」を呼び、「ひと」が「しごと」を呼び込み、地方への新たな人の流れを生み出すことで「まち」に活力を取り戻すことを目指すものだ。
その中で、大学・高専は「地（知）の拠点」として、地元の自治体や企業と連携・協働しながら地域課題解決や地方創生を進める役割を担うことが求められている。全国各地に配置されている高専ならではの強みを最大限に生かして、こうした時代の要請に応えていけるのではないだろうか。
「地産地"興"」には、「地域資源を生かして、地域振興を目指す」という意味をこめている。ここでいう地域資源には自然、文化歴史、特産物、風土、建築物、産業、技術など、その地域の特徴（個性）に関わるあらゆる要素を含む。さらには、空き家や耕作放棄地、未整備の森林、地域特有の廃棄物（レンガ片、家畜糞、木片、生ゴミなど）といった、一見、負の遺産（弱み）と思われる事物を正の遺産へと転換して地域再生に活かす、あるいは、これまで注目されていなかった新たな地域資源を発掘し、焦点を当てるような意欲的なアプローチも考えられる。
地域ならではの資源を活かし、高専が「地（知）の拠点」としての役割を果たしつつ、大会のメインテーマどおり「デザインが天下（地域）を制する」、地方創生を実現するための具体的なシステムを提案してほしい。

【審査員】箕浦 秀樹 [審査員長]、武藤 隆晴、嵯峨 創平

【応募条件】
5人までのチームによるもの。1人1作品。複数の高専の連合可。予選未通過の場合、構造デザイン部門への応募可

【応募数】47作品（130人、14高専）

【応募期間】
プレゼンテーションポスター提出期限：
2017年9月4日（月）〜8日（金）

【設計条件】
① 「地域資源を活かした地域振興」という「こと」を興すための「プロセスデザイン」の提案。「もの（装置）」は、どのような仕掛けで地域振興に貢献するかのプロセスを併せて提案すること。「こと」興しの仕掛けのみに特化する「プロセスデザイン」も可。「もの」のみの提案は不可
② 地域（人、企業、自治体、NPO、住民組織など）が抱える課題とこれまで注目されなかった新たな地域資源をとらえ、課題を解決する、あるいは新たな地域資源を発掘するための「こと」を興すプロセスを提案すること。フィールドワーク、地域の事情通へのインタビュー調査、さまざまなデータの分析などによる「現場の情報」に当たって、地域の課題を把握すること
③ 今回の「プロセスデザイン」とは、地域資源から発想し、目標とする地域像を実現するためのプロセスを提案するもの（本書98ページ図1参照）。プロセスには、地域資源にどのような技術・知識を付加してポテンシャル（潜在能力）を向上させるのか、地域内外の人々がどうコミュニケート（意思交換）するか、などを含む。何らかのかたちで高専が関わるプロセスデザインとし、そのプロセスにおける高専の役割を示すこと

本選事前審査

【審査方法】
3人の審査員に審査表（20点満点＝4点×5指標）、10作品の説明用ポスターの画像データとカラー出力紙（A3判サイズ）を送付

本選審査

【日時】2017年12月2日（土）〜3日（日）

【会場】じゅうろくプラザ　5階　小会議室1

【本選提出物】
① プレゼンテーションの発表用データを保存したCD-R
　またはDVD-R
② 説明用ポスターの画像データを保存したCD-R
　またはDVD-R（2017年11月22日〈水〉必着）
③ 説明用ポスター：
　A1判（594×841mm）2枚（横向き）、3mm厚のスチレンボードに貼りパネル化。内1枚は、予選応募のプレゼンテーションポスターでも可（ブラッシュアップを望む）。事前送付の画像データからの変更不可
④ 提案内容がわかる模型や装置など（任意）
⑤ パソコンによるプレゼンテーション（任意）

【展示スペース】
展示用パネル（幅900mm×高さ1,800mm）1枚と天板1,800×600mmのテーブル1台を提供

【審査過程】
参加数：10作品（33人、8高専）
日時：2017年12月2日（土）
① プレゼンテーション　13:00〜17:00
日時：2017年12月3日（日）
② ポスターセッション　9:00〜12:00
③ 審査と講評作成（審査員控室）　12:00〜14:00
④ 講評　14:00〜14:45

【本選評価指標】
① 地域性（地域の実情等を踏まえた施策）
　客観的なデータに基づき、各地域の実情や将来性を十分に踏まえた持続可能な提案であること
② 将来性（夢を持つ前向きな施策）
　地域が主体となって行なう、夢のある前向きな提案であること
③ 自立性（自立を支援する施策）
　地域・企業・個人の自立に資するものであり、「ひと」「しごと」の移転・創出を含み、特に外部人材の活用も含め「ひと」づくりにつながる提案を含むこと
④ 具体性（結果を追求する施策）
　プロセスのみでなく、目指すべき成果（目標）が具体的に想定されていること
⑤ プレゼンテーション
　説明用ポスター2枚、プレゼンテーションの口頭発表、ポスターセッションでのプレゼンテーションを総合的に評価する

【評価点数】（各評価指数ごとに4段階評価）
4点：特にすぐれている
3点：すぐれている
2点：普通
1点：劣っている

【各作品の合計評価点】
60点満点＝20点 [4点×5指標]×審査員3人

予選

予選審査総評

地産地"興"

箕浦 秀樹（審査員長）

　昨年の23作品から47作品へと応募が倍増したのは、衰退しつつある地域を憂える高専の学生の心に地産地"興"という今大会のテーマが響いたものと解釈したい。審査で気づいた点を少し列挙したいと思う。

　今回、応募された作品における第1の特徴は、現在、負と考えられている地域資源を積極的に取り上げ、それらを活用して地域の活性化に役立たせようとする提案が多かった点である。その内10作品ほどに見られたのが空き家、空き店舗、廃校舎などを活用して新たな賑わいをつくり出そうという提案だ。また、雨や増えすぎたイノシシといった厄介者を負の地域遺産と見立て、これを積極的に活かそうというユニークな取組みもあり、全体的に若者の発想の豊かさ、頼もしさが感じられた。

　第2には、地域の課題の解決に取り組む、非常にチャレンジング（挑戦的）な提案がいくつか見られたことである。主にシニアの人が中心となって取り組んできた地域の大きな課題に対する提案は、学生の視点からの新たな発想として注目に値する。だが、こうした大きな課題に対する取組みではとかく、自分たちが具体的にできること、貢献の仕方など、高専の学生が主体的に担う役割が不明確になりがちで、今回の応募作品にもそういうもどかしさを感じたのは事実である。

　一方、複数の地域資源を活かした多岐にわたる綿密な事業計画の提案もあり、自分たちの知識を総動員して計画を練り上げた点は高く評価したい。とはいえ、実現に向けての高いハードルをどのように越すのか、その地区で生活する人々にどのように働きかけ、計画に関与してもらうのか、といった実現化に結びつける説得力がないと、絵に描いた餅になりかねない。地産地"興"の出発点は、当該地域の資源をまずよく知り、自分たちがそれを心から誇らしく思えることであろう。本選に残らなかった作品についても、それぞれ有意義な提案があったので、この点を踏まえて再考し、今後に役立ててほしい。予選を通過した作品については、それを踏まえてブラッシュアップに努め、本選に臨んでほしいと願っている。

（2017年9月28日　予選審査後の発言をもとに作成）

予選審査経過

　募集要項に掲載した箕浦秀樹審査員長からのメッセージ（本書95ページ参照）に応え、昨年度の23作品の2倍以上となる47作品の応募があった。形式審査、事前予備審査を経て、2017年9月28日に予選審査を実施した。

　予選審査は、審査員の要望に応えて予定より1時間半早まり、前日に準備した、卓上に作品番号順に並ぶ応募作品のポスターを前に、9:00〜13:00の概略審査から始まった。審査の公正を期すために、審査結果がホームページに掲載されるまで、審査員3人には各作品の作者と所属する高専名は知らされていない。

　審査にあたって各審査員は、評価指標である4つの視点（地域性、将来性、自立性、具体性）について16点（4点満点×4指標）を持ち、採点。3人で合計48点満点となる。各作品には、最高38〜最低13点がついた（表2参照）。得点の集計結果をもとに審議が進み、まずは30得点以上の5作品（[20]、[07]、[44]、[42]、[48]）の予選通過を審査員全員一致で決定した。

　午後の13:00〜16:00の詳細審査では、前述の予選通過5作品を除いた上位12作品（23点以上）について、4つの評価指標を中心に、審査員間でさまざまな角度から議論が交わされた。そして、24点以上の14作品について「本選に向けたブラッシュアップの要望」を作成（この議論の間、各審査員の採点にやや変動あり）することになり、この内容に基づく審議を経て、26点以上の4作品（[18]、[21]、[14]、[41]）を予選通過作品に追加した。

　続いて、予選通過9作品に追随する23〜25点の8作品、特に24〜25点の5作品を中心に、審査員間で白熱した議論が展開した。24点以上の5作品を本選へという意見も出たが、審議の結果、24点の作品は予選通過9作品との差が大きいと判断され、提案内容の具体性が評価された25点の1作品（[10]）を予選通過とした。

　こうして、得点率で48点満点の50％を超える、25点以上を獲得した上位10作品の本選出場が決定した（表2参照）。

　最後に、10作品への「本選に向けたブラッシュアップの要望」（本書106ページ参照）を再度見直し、予定を2時間超える18:30にすべての予選審査過程を終了した。「本選に向けたブラッシュアップの要望」についても、本選審査の公平を期すために、1作品ごとに該当コメントのみを各応募作品の担当教員に通知した。

　予選未通過とはいえ、本選へ進んだ作品と紙一重の高評価を得た作品（3点差〈各審査員1点差〉以内に15作品、6点差〈各審査員2点差〉以内に24作品）が多数あった。「ユニーク、惜しい」[05]、「廃校活用とトロッコを使った人とモノの集積、発信の可能性に期待」[43]、「鉄道に着目し、沿線の各集落の強みを活用して、スポーツを通じた広域的な活性化を目指す視点がいい」[09]などのコメントがあった。

（吉村 優治　岐阜高専）

＊文中の[　]内の2桁数字は、作品番号。

表2　予選──得点集計結果（最終）

作品番号	作品名	高専名（キャンパス名）	①[16点]	②[16点]	③[16点]	合計[48点]
20	うらとのさち・あらたなかち	仙台高専（名取）	12	15	11	38
07	地域住民が運営するコミュニティカフェ	岐阜高専	10	11	13	34
44	Cで創るコミュニティ	阿南高専	8	14	10	32
42	イノシシと共存、丸森で共存	仙台高専（名取）	10	11	10	31
48	竿燈見に来てたんせ	秋田高専	9	11	11	31
18	雨のち、金沢　のちのち金沢	石川高専	12	9	8	29
21	伊達なりー	仙台高専（名取）	9	8	12	29
14	よ・る・ーと	サレジオ高専	8	8	10	26
41	法勝寺電鉄線の復活	米子高専	6	11	9	26
10	健輪のムコウ	舞鶴高専	8	11	6	25
27	リラコリースペース	明石高専	7	8	9	24
35	兵庫県明石市公共施設の適切な縮減計画と空き家を新たな公共の場として捉えなおす取り組み	明石高専	9	9	6	24
43	dollyで行くdollyーむライン	阿南高専	7	9	8	24
45	おいでよつばきの町	阿南高専	7	8	9	24
13	いきかえし	サレジオ高専	7	7	9	23
17	廻るグローカルはさんかく	鈴鹿高専	8	8	7	23
46	つなげて、つながる　みんなのホッとストリート	阿南高専	5	11	7	23
01	3つ子の魂 100まで	長野高専	8	8	6	22
02	森林セラピーを盛り上げよう	岐阜高専	7	7	8	22
03	はじめて農業×空き家。	岐阜高専	6	10	6	22
04	小水力×道の駅	岐阜高専	6	8	8	22
22	朝市の飛脚	仙台高専（名取）	8	7	7	22
31	SENで結んでつないで	明石高専	8	6	8	22
47	高知家でつくる商店街	高知高専	6	8	8	22
49	点から線へ	都城高専	5	9	8	22
08	温泉だけじゃない下呂市	岐阜高専	7	6	8	21
28	菜の花駅	明石高専	5	8	8	21
19	川でつなぐ人と町	米子高専	8	6	6	20
29	人と自然が共存した活力あふれるまち	明石高専	6	5	9	20
33	待機児童解消に向けて	明石高専	5	10	5	20
40	やどる街、じけまち	明石高専	5	5	10	20
09	スポーツを通した長良川鉄道とその沿線地域の活性化	岐阜高専	5	9	5	19
11	Forest Cycle System	岐阜高専	8	7	4	19
26	CanalCityの入り口にゲートを設けここからは私たちの街という自覚を持つことできれいで素敵な街になる	明石高専	7	6	6	19
05	プロジェクトBBQ+	岐阜高専	5	7	6	18
36	名寸隅から見る景色	明石高専	6	7	5	18
15	水が人を呼ぶ	大阪府立大学高専	6	6	5	17
23	ふるさと就労計画	明石高専	5	7	5	17
34	農園×人工知能	明石高専	4	7	6	17
39	ふるさとコンペ	明石高専	7	5	5	17
06	ぎふけんっ！	岐阜高専	5	6	5	16
30	人の足をとめる桜並木	明石高専	5	5	5	15
24	美しい祭りを求めて	明石高専	5	5	4	14
25	AWAJI QUEST	明石高専	4	6	4	14
38	歴史と緑の田舎暮らし	明石高専	4	5	4	13
32	川が道となり、人を運ぶ。	明石高専	4	5	4	13
37	明石公園プロジェクト	明石高専	4	5	4	13

開催概要（予選）

形式審査
【日時】2017年9月13日（水）
【会場】岐阜工業高等専門学校　1号館2階留学生対応室
【担当】創造デザイン部門　学内委員（岐阜高専）
【審査結果】
応募49作品の内、2作品の誤応募（空間デザイン部門に応募変更）が判明。残り47作品を応募作品として受理

事前予備審査
【審査方法】
3人の審査員に審査表（16点満点＝4点×4指標、高専名と氏名を伏せて作品名とエントリーシートのコメントのみ記載）、47作品のポスターの電子データとカラー出力紙（A3判サイズ）を送付。

予選審査
【日時】2017年9月28日（木）9:00～18:30
【会場】岐阜工業高等専門学校　1号館3階大会議室
【事務担当】
吉村　優治、鶴田　佳子、菊　雅美、川端　光昭、山川　奈巳（岐阜高専）
【予選提出物】
プレゼンテーションポスター：A1判サイズパネル1枚（横向き）、3mm厚のスチレンボードに貼りパネル化（応募者の氏名・所属の記載不可）、裏にエントリーシート貼付
プレゼンテーションポスターの画像データ
【予選通過数】10作品（33人、8高専）
【予選評価指標】
①地域性（地域の実情等を踏まえた施策）
　客観的なデータに基づき、各地域の実情や将来性を十分に踏まえた持続可能な提案であること
②将来性（夢を持つ前向きな施策）
　地域が主体となって行なう、夢のある前向きな提案であること
③自立性（自立を支援する施策）
　地域・企業・個人の自立に資するものであり、「ひと」「しごと」の移転・創出を含み、特に外部人材の活用も含め「ひと」づくりにつながる提案を含むこと
④具体性（結果を追求する施策）
　プロセスのみでなく、目指すべき成果（目標）が具体的に想定されていること
【評価点数】（各指標ごとに4段階評価）
4点：特にすぐれている／3点：すぐれている／
2点：普通／1点：劣っている
【各作品の合計得点】48点満点＝各審査員16点×3人

＊各審査員欄の点数は、4つの評価指標（地域性、将来性、自立性、具体性）に基づき、各指標ごとに4段階で評価した点数を合算したもの（開催概要〈予選〉参照）
＊審査途中で、各審査員の採点は変動した
＊作品番号12、16はエントリーミスにより欠番
＊表中の作品名は、サブタイトルを省略
＊表中の　　　は、予選通過
＊各審査員の評価は非公開のため①②③で表示

> 予選通過作品講評

本選に向けたブラッシュアップの要望

審査員：箕浦 秀樹（審査員長）、武藤 隆晴、嵯峨 創平

07 岐阜高専
地域住民が運営するコミュニティカフェ——本巣市北部地域を対象として

食に関わる岐阜県民性をとらえたおもしろい提案である。また、活動母体の設定や資金調達（クラウド・ファンディング）など、実現可能な具体性のある提案として評価できる。開設までのプロセスなど、この計画に高専がどう関わるかを提案してほしい。また、活動する常駐スタッフや顧客規模が確保できるかについてを検証し、それに関わる提案にまで踏み込んでほしい。

10 舞鶴高専
健輪のムコウ

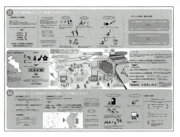

地方行政の財政的な課題となっている大規模公共施設を取り上げた点、中でも単なる賭けを行なう場とイメージされがちな競輪場に挑み、「健輪」という独自のコンセプトの提案にチャレンジした点は評価できる。ただし、新たなコンセプトを実現化するプロセスと、そこに高専がどのように関わるかをもう少し追求してほしい。

14 サレジオ高専
よ・るーと——寄る×route（道）

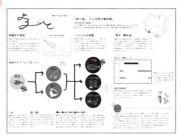

神奈川県の真鶴町における水産資源を活用した具体的な提案としては評価できる。寄り道観光から「くらしかる真鶴」という移住定住促進プランへつながるプロセスと、未来のあるべき姿をより明確に示してほしい。

18 石川高専
雨のち、金沢 のちのち金沢

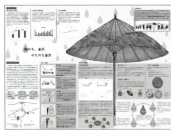

雨を負の地域資源としてとらえて金沢の観光に結びつけた点がユニークで、五感の文化として展開している点は評価できる。和傘パスポートもおもしろい。五感につながる提案要素の強弱の付け方、システムとしての各提案要素のつながりを再整理し、コンセプトにある「雨の日を魅力的」にする提案となるようにまとめるとよい。

20 仙台高専（名取）
うらとのさち・あらたなかち

限界集落かつ被災地という厳しい現実と、豊富な水産資源をもつ地域性をよく把握している。その上で、福祉、災害、空き家など、現在の日本全体の社会問題の解決をも含んだ、地域内循環の流通システムの具体的で実現可能な提案として評価できる。収支計画も検討し、多くの人の関わりを目指した明確な改善計画となっている点もよい。さらに、このシステムに関わる高専の役割に踏み込むとなおよい。

21 仙台高専（名取）
伊達なりー

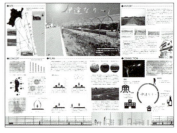

ブドウ産地であった歴史を踏まえ、東日本大震災後の鉄道の軌道移設によって未利用になった軌道跡地を活用するという難しいテーマに取り組んだ意欲作。波及効果まで、きめ細かく考えた提案として評価できる。実現に向けては、さまざまな困難が予想されるので、このシステムに関わる担い手（地域内外の人々）を含めた提案を追加できるとよい。

創造デザイン

: 数字は作品番号

㊶ 米子高専
法勝寺電鉄線の復活
──シニアカーを添えて

ローカル線の廃線や高齢者の移動に着目し、シニアカーをカスタマイズするという発想はおもしろい。ただし、どこまでをプロジェクトの範囲と想定しているのかが不明なので、明確にしてほしい。たとえば、試作品を作製し、モニター走行をした上で企業に委託して生産して実現するのか、など現実化する範囲を示した上で、実現できる提案にしてほしい。

㊷ 仙台高専（名取）
イノシシと共存、丸森で共存

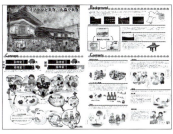

社会問題を背景にした切実な地域の課題に対して、「イノシシ」をキーワードに、多岐にわたる波及効果まで含んだ提案として評価できる。提案されたコンテンツを実現化するため関わる人々（地域内外の人々、高専の学生）の役割やそれぞれの関係性にまで踏み込むとなおよい。

㊹ 阿南高専
Cで創るコミュニティ

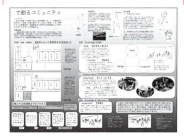

高専の役割が明確で、外と内でのつながりにも具体性があり、新しいコミュニティ形成に期待が持てる。ただし、廃保育園の利活用を核とし、地域に交流拠点をつくるという提案としては理解できるが、独自性が感じられない。本提案の基礎になっている「ひとつむぎ」プロジェクトと関連づけた、この街ならではの具体的な提案として結実させてほしい。

㊽ 秋田高専
竿燈見に来てたんせ

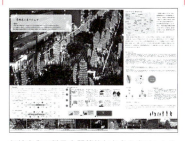

伝統文化の継承を閉鎖的ととらえたチャレンジング（挑戦的）で大胆な提案として評価できる。より実現化できる提案とするために、地元の声などを反映するプロセスを示すとよい。また、チャレンジングな提案内容に見合った、高専の学生の関与の仕方を示してほしい。

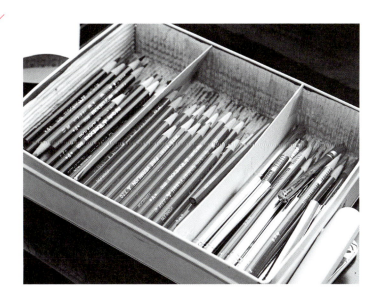

＊2017年9月28日　予選審査後の発言をもとに作成

予選 37 作品

⓪⓪ : 数字は作品番号

創造デザイン

3つ子の魂 100まで―― いつまでも「来たい」と思う駅へ

01 長野高専

◎鶴田 尚吾、中澤 智[環境都市工学科4年]／宮下 奏一郎[電気電子工学科4年]

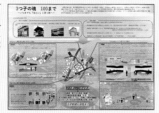

森林セラピーを盛り上げよう

02 岐阜高専

◎稲川 桃子、戸崎 楓、長屋 佑美、山本 香穂[環境都市工学科5年]

はじめて農業×空き家。

03 岐阜高専

荒深 光左、桐山 友香理、◎中野 紗希、原 美幸、山田 佳奈[環境都市工学科5年]

小水力×道の駅

04 岐阜高専

◎岡田 萌花、佐村 駿太、高橋 広大、中神 陽介、村上 颯太[環境都市工学科5年]

プロジェクトBBQ+

05 岐阜高専

◎北川 敦葵、高橋 篤輝、中村 佳樹、深尾 僚太郎[環境都市工学科5年]

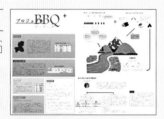

ぎふけんっ！―― アニメ聖地巡礼バスツアー

06 岐阜高専

◎安藤 祐輝、上田 悟、大野 萌菜、川口 栞那、東 陽平[環境都市工学科5年]

温泉だけじゃない下呂市―― 下呂全域の魅力を伝えるツアープラン

08 岐阜高専

大内 誠直、高井 幹太、◎前野 航輝、山本 彩依[環境都市工学科5年]

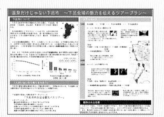

スポーツを通した長良川鉄道とその沿線地域の活性化

09 岐阜高専

◎末松 杏介、岩崎 大也、大野 凌雅、篠田 隆、松木 幹弥[環境都市工学科5年]

Forest Cycle System―― 木を通じた地方と都市との交流

11 岐阜高専

◎伊porta 広大、岩田 健吾、上野 諒平、堺 公香、加藤 絢子[環境都市工学科4年]

いきかえし―― 地域と思い出を「生き返す」＝「粋かえす」

13 サレジオ高専

◎掛野 さくら(4年)、上野 美月、沼倉 美羽(1年)[デザイン学科]／江口 大地[電気工学科2年]／鶴迫 悠太[機械電子工学科2年]

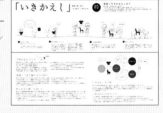

水が人を呼ぶ

15 大阪府立大学高専

斉藤 健太、平田 昌之、◎平野 圭哉、藤嶋 康平、吉原 雪彦[総合工学システム学科都市環境コース4年]

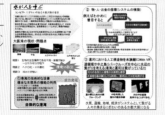

廻るグローカルはさんかく

17 鈴鹿高専

◎近藤 聡一朗[電子情報工学科3年]／佐藤 優香(3年)、山下 昂輝(2年)[生物応用化学科]

108　デザコン2017 岐阜

川でつなぐ人と町

19　米子高専

◎安藤 航、中原 優、Kamil Auf、勝部 桃子［建築学科5年］

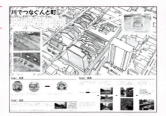

朝市の飛脚——フードロスを運ぶ

22　仙台高専（名取）

◎木下 晴敦、眞壁 珠奈（5年）、相澤 歩夢、笠原 緑子（4年）［建築デザイン学科］

ふるさと就労計画

23　明石高専

◎中安 浩大［建築学科4年］

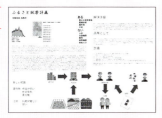

美しい祭りを求めて

24　明石高専

◎佐々木 絢也［建築学科4年］

AWAJI QUEST——国生みの戦士たち

25　明石高専

◎山形 海斗［建築学科4年］

CanalCityの入り口にゲートを設けここからは私たちの街という自覚を持つことできれいで素敵な街になる——「Canal 感」と「インスタ映え」

26　明石高専

◎亀川 翔玄［建築学科4年］

リラコリースペース——のんびりじっくり体験し、姫路の技を知る

27　明石高専

◎木村 真結［建築学科4年］

菜の花駅

28　明石高専

◎田中 香次［建築学科4年］

人と自然が共存した活力あふれるまち

29　明石高専

◎北谷 太一［建築学科4年］

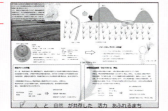

人の足をとめる桜並木

30　明石高専

◎橋本 諒介［建築学科4年］

専（SEN）で結んでつないで

31　明石高専

◎片岡 朋香［建築学科4年］

川が道となり、人を運ぶ。

32　明石高専

◎東 拓己［建築学科4年］

待機児童解消に向けて

(33) 明石高専

◎山本 夏輝［建築学科4年］

農園×人工知能――つながりのある村づくり

(34) 明石高専

◎向井 基紘［建築学科4年］

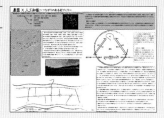

兵庫県明石市公共施設の適切な縮減計画と空き家を新たな公共の場として捉えなおす取り組み

(35) 明石高専

◎今井 魁人［建築学科4年］

名寸隅から見る景色――魚住海岸

(36) 明石高専

◎江南 礼［建築学科4年］

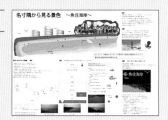

明石公園プロジェクト

(37) 明石高専

◎春山 智也［建築学科4年］

歴史と緑の田舎暮らし
―― 住みたい田舎No.1 兵庫県朝来市における例

(38) 明石高専

◎尾上 勇輝［建築学科4年］

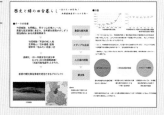

ふるさとコンペ

(39) 明石高専

◎岡本 春花［建築学科4年］

やどる街、じけまち

(40) 明石高専

◎原 佑一［建築学科4年］

dollyで行くdollyーむライン

(43) 阿南高専

◎川上 智寛、宮田 将吾（5年）、野口 佑大、北野 晴哉、廣經 凌一（3年）［建設システム工学科］

おいでよつばきの町

(45) 阿南高専

◎山下 裕也、下村 哲平、宮浦 悠也［建設システム工学科5年］

つなげて、つながる みんなのホッとストリート
―― 子供・お年寄り・学生・親の全世代が「ホッと」する場所

(46) 阿南高専

◎沖本 麻由奈、藤岡 駿介、北原 右京、柏木 智至、勝瀬 裕子［建設システム工学科5年］

高知家でつくる商店街――人と防災の町・愛宕

(47) 高知高専

◎田村 誠悟（4年）、西森 光亮（3年）［環境都市デザイン工学科］／橋本 龍朋［電気情報工学科3年］

点から線へ── 人の流れが紡ぐ記憶、日向市美々津町

 都城高専

◎佐藤　豪、草野　諒太［建築学科5年］

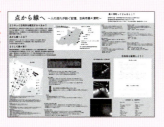

審査員紹介

創造デザイン

審査員長
箕浦 秀樹
みのうら ひでき

岐阜大学　名誉教授

1944年　岐阜県笠松町生まれ
1967年　名古屋大学工学部金属学科卒業
1969年　名古屋大学大学院工学研究科金属工学専攻修士課程修了
1969-84年　岐阜大学工学部　助手
1984-93年　同　助教授
1993-2008年　同　教授
2004-08年　同学　副学部長を兼任
2008年-　岐阜大学　名誉教授
2008-12年　岐阜県研究開発財団
　　　　　コーディネータ
2012-16年　岐阜県産業経済振興センター
　　　　　コーディネータ
2016年-　リエゾンラボみのうら　代表

主な活動
岐阜大学では、プラスチック製カラフル太陽電池などの研究開発に従事。岐阜県研究開発財団では、岐阜県内の大学、高専、公設研究機関、中小企業間の産学官連携事業や、岐阜県の「地域資源発掘活用プロジェクト事業」を推進。岐阜県産業経済振興センターでは、地域活性化担当コーディネータとして、岐阜県内の中小企業、小規模事業者、NPO法人などの支援活動に従事。

主な著書、論文
『進化する電池の仕組み』（2007年、サイエンスアイ新書、ソフトバンククリエイティブ）他、共著の専門書多数。論文100篇以上

主な受賞
電気化学会佐野進歩賞、同功績賞

武藤 隆晴
むとう たかはる

郡上八幡産業振興公社　専務理事

1954年　岐阜県郡上市八幡町生まれ
1978年　中部工業大学工学部建築学科卒業
　　　　八幡町役場（現・岐阜県郡上市）職員
1998年-　八幡市街地まちづくり協議会設立
　　　　事務局
2011-13年　郡上市八幡振興　統括
2013-15年　NPO法人郡上八幡水の学校設立
　　　　　事務局長
2015年-　郡上市商工観光部　参与
　　　　郡上八幡産業振興公社　専務理事
　　　　同公社内に、空き家対策組織「チームまちや」発足　チームリーダー

主な活動
地方公務員として、37年間にわたり一貫して郡上市の基盤整備やまちづくりを担当。特に郡上八幡市街地のまちづくりに深く関わりながら、市民で構成するまちづくり協議会の設立と運営、水のまち郡上八幡を支える水の学校の設立と運営をはじめとする市民活動を進め、退職後の現在に至るまで続いている。
2015年に、空き家活用や移住促進を積極的に進める「チームまちや」を立ち上げ、八幡市街地における人口減少や少子高齢化、商店街の衰退など多くの課題を、町家の再生を通じて一体的に解決していくための活動を展開している。

主な著書
『水のまち郡上八幡——水の恵みを活かす知恵』（編集、2016年、NPO法人郡上八幡水の学校）など

嵯峨 創平
さが そうへい

岐阜県立森林文化アカデミー　教授

1961年　秋田県生まれ
1985年　立教大学社会学部社会学科卒業
　　　　（株）社会調査研究所　入社
1987-95年　（財）日本地域開発センター　研究員
1995-2010年　まちづくりプランナー＆
　　　　　　ファシリテーターとして活動
2011年-　岐阜県立森林文化アカデミー　教員
　　　　山村づくり、森林環境教育の専門科目などを担当
2016年-　揖斐川町との連携協定に基づく揖斐川町駐在を兼任
2017年-　京都大学大学院地球環境学舎（景観生態保全論）博士後期課程在籍

主な活動
農山村や地方都市のまちづくりプランナー＆ファシリテーターとして30年間活動し、全国1,200以上の自治体を訪れる。自然環境や伝統文化の保全活用と、新しい社会潮流や新技術とを融合させる起業家育成の仕組み「里山インキュベーターいびがわ」を2016年より揖斐川流域で展開中。

主なプロジェクト
湯布院町「総合計画策定調査」（1989-91年、大分県）、福島市「子どもの夢を育む施設（こむこむ）」市民ワークショップ（2003-05年／JMMA学会賞）、福島県「三島町エコミュージアム 構想」推進プロジェクト（2006-11年）、下呂市「馬瀬里山ミュージアム基礎調査」（2013-14年、岐阜県）など

主な著書
『環境学習のための人づくり・場づくり』（環境学習のための人づくり場づくり編集委員会編、共著、1995年、ぎょうせい）、『インタープリター・トレーニング——自然・文化・人をつなぐインタープリテーションへのアプローチ』（津村俊充、増田直広、古瀬浩史、小林毅編、共著、2014年、ナカニシヤ出版）など

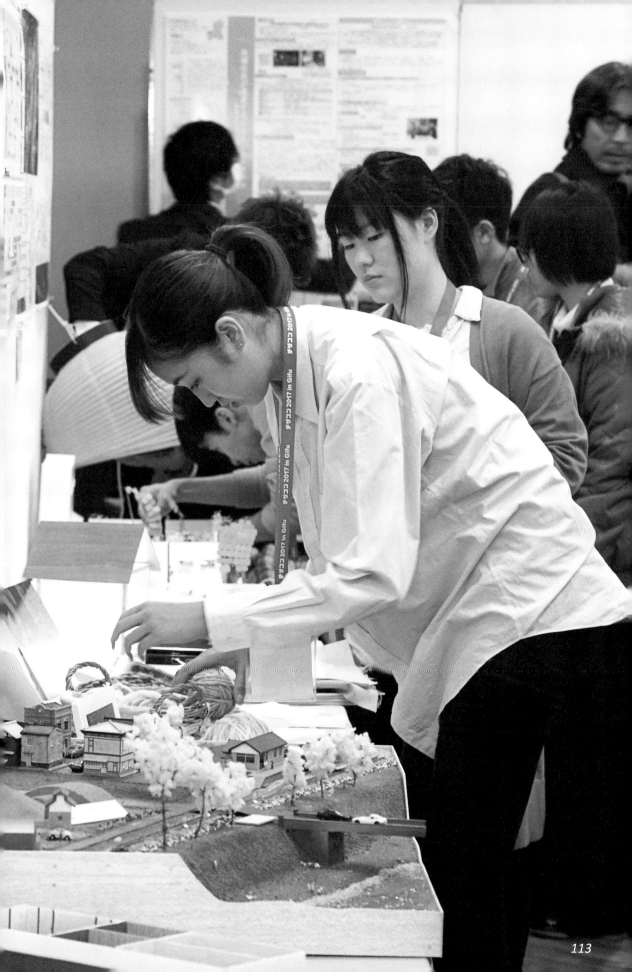

AM (Additive Manufacturing) デザイン部門

課題テーマ

安心・安全アイテム開発

　これからの技術者は、少子高齢化、省資源化、グローバル化などさまざまな社会問題に対応する必要がある。3Dプリンタによるものづくりは、安心・安全な社会を実現するために求められている、これまでにない創造的な解決方法の1つだ。
　3Dプリンタの造形技術を活用して、従来のシステムをより「安心・安全」なものにする、あるいは、新たな問題を解決するアイテムや技術を、社会実装を目指して具体的に提案してほしい。3Dプリンタだからこそ実現できる、自由な発想に基づく独創的なアイディアを求める。

□ 予選応募作品　**24**

タイムライン
予選
2017.09.04-09.08　予選応募
2017.09.19　　　　予選審査

□ 本選参加作品　**12**

本選
2017.12.02　プレゼンテーション
2017.12.03　ポスターセッション
　　　　　　講評

□ 受賞作品　**5**

最優秀賞（経済産業大臣賞）
　[20] 函館高専『Fantasistar』
優秀賞
　[02] 弓削高専『安心はかり「確認くん」』
　[06] 石川高専 [A]『Bright』
審査員特別賞
　[03] 苫小牧高専『柄ノ器
　　　——雪かきから変える北海道の冬』
　[13] 木更津高専『アクティブマスク』

最優秀賞
経済産業大臣賞

20 函館高専

コースター
Fantasistar

◎角谷 友紀、西村 みさき［生産システム工学科5年］／辻廣 咲希、名和 美琴［社会基盤工学科3年］
担当教員：山田 誠［生産システム工学科］

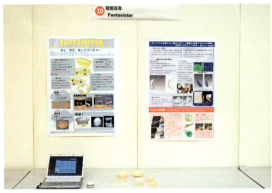

審査講評
▶AM独特の機能を意匠性の向上に使った点が非常に評価しやすく、プレゼンテーションも良かった。工夫を凝らしたコースターとしての機能も評価したい。3Dプリンタで透明な材料を使うと汚れが目立つので、紙やすりなどで表面のざらつきをとりピカピカにするなど、もう少し見栄えが美しくなる工夫をするとさらに良くなる。
（新野 俊樹）

製作手順・経過

▶ 全体図

・ベース、コネクション部一体化しており、免震機構の要となっている。
・レセプション部の模様が、テーブルに幻想的に映し出されるイメージ。

エントリー時の構想図

別用途としての機能

▶ レセプションを逆さに重ねて使うことにより、幻想的な光の投影を楽しむことができる。

エントリー時の構想図

ベース、コネクション部

・エントリー時　・改善後

・ボールを3つにすることで、常に平面を形成する　→安定
・接触部は球体であるので、常に同じ高さに維持される→安定
・ベースとコネクションを一体造形するための爪を作成。
→ 3Dプリンタならではの構造

ベース部の詳細設計

・ボールを3つにすることで、常に平面を形成する
（必ず全てが接地する）→安定

・接触部は球体であるので、常に同じ高さに維持される→安定

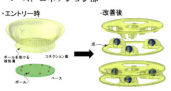

・ベースとコネクションを一体造形するための爪を作成
横からも上からもボールが飛び出ない構造

→ 3Dプリンタならではの構造

レセプション部

・エントリー時　・今回のモデリング方法

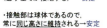

・製作品

・光が届きやすいように形を変更　・結露水の受け皿

LED設置

▶ コップを置いた時に点灯
・レセプションとコネクションにアルミ板を貼ることでスイッチ不要

FANTASISTAR

函館高専 次世代デザイン研究会　角谷友紀　西村みさき　辻廣咲希　名和美琴

安心・安全・癒しのコースター

日常生活における些細な危険に目を向け、実用的かつデザインも楽しめるよう自由な発想で作品を作りました。

～アピールポイント～
・こぼれにくい安心
・LEDによるライトアップ
・3Dプリンタならではの構造
・光の投影を楽しめる
・自由な形状とデザインを造形できる

～レセプション～
・模様や厚さ、サイズをカスタマイズできる
・結露水の受け皿になる

～ベース～
・ボールにより免震機構を作成
・ボールを三点に設置することで常に平面を保つことができる
・3Dプリンタによる一体造形
・コップを置くことによって光る仕組み

～ボール～
・ボールが隙間から飛び出さないように上下の爪をうまくかみ合わせる
　ボールと爪の一体造形

試作1
問題点
・サイズ
・ボールの大きさ
・爪の大きさ

免震検証試験

試作2
問題点
・ボールの稼動範囲が狭い
・爪の大きさ

完成！

NIT. HAKODATE College Machining Design Circle

---

*116～122、134ページの氏名の前にある◎印は学生代表
*高専名の上または左にある2桁数字は作品番号。エントリー時の番号に統一
*高専名は、高専名（キャンパス名）[チーム名]で表示
*チーム名の[A][B][C]は、同一高専から参加した複数のチームを区分するためランダムに付けられたもの

117

優秀賞 02　弓削商船高専

重量計

安心はかり「確認くん」

◎武田 海、井門 早姫、横山 ひかり、若松 芽生 [電子機械工学科4年]
担当教員：瀬濤 喜信 [電子機械工学科]

AMデザイン

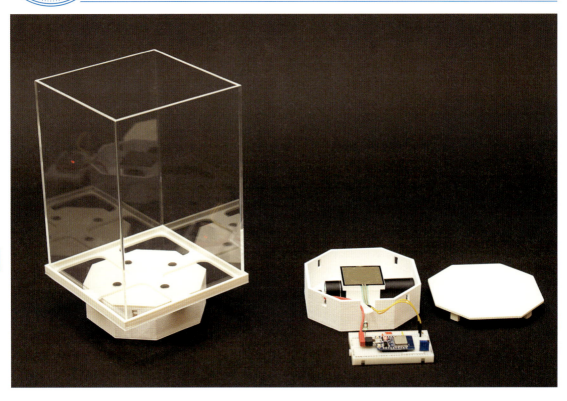

審査講評

▶品物としての魅力もさることながら、新しいビジネスモデルにつながる提案が評価のポイントになった。インターネット上でのダウンロード販売の提案は、AM技術の新しい使い方だと思う。また、事業性についての説明も、大変よくできていた。ただし、品物の提案に重きを置いていて、それを使って何をするかについて説明がなかったのは残念。目的へのつなげ方は説明の中に見えていたので、その点を深掘りして伝えるプレゼンテーションに改善できるとさらに良くなる。　　（新野 俊樹）

> 優秀賞
> 06
> 石川高専[A]

照明器具

Bright

横山 大(5年)、◎森永 祐生、新家 明、森谷 夏帆(4年)[建築学科]
担当教員：森原 崇[建築学科]

審査講評

▶提案者も気づいているように、照明というのはAM技術の代表的なアプリケーションである。この作品が携帯性という点で新規性を見出していることもさることながら、コップや他のパーツと組み合わせるだけの簡便な追加で、製品や光だけでなくまわりの空間を含めて美しく見せるという提案を評価した。カバンに付けた様子はとても美しく、パッと見て「これいいな」「欲しいな」と思える。プレゼンテーションも大変良かった。

(新野 俊樹)

審査員特別賞 03 苫小牧高専

雪かき用品
柄ノ器 ── 雪かきから変える北海道の冬

◎目黒 裕也、平田 拓巳、小川 聖[機械工学科5年]
担当教員：高澤 幸治[創造工学科機械系]

審査講評

▶雪かきは、地方によっては冬季に毎日しなければならない大変な作業だ。その点で、補助する器具があったらいいし、うまくもっていければ人々が欲しがる製品になると思った。しかし、現段階では足りない部分が相当ある。3Dプリンタを使うことによる付加価値をアピールして特別な製品にするのか、あるいは安価にして多くの人に使ってもらうのかをもっと検討して方向性を決め、改善していく必要がある。プレゼンテーションをもっと上手にできるとよかった。

（松田 均）

審査員特別賞 13 木更津高専

表情表示マスク
アクティブマスク

門口 雅志[制御・情報システム工学専攻専攻科2年]／◎中村 颯太、小川 真実[情報工学科3年]
担当教員：栗本 育三郎[情報工学科]

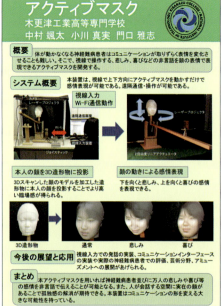

審査講評

▶よく勉強している。プレゼンテーションの頑張りを評価した。将来、次の段階への発展が期待でき、新しい可能性があるという意味で選定した。

（早野 誠治）

本選 7 作品

00：数字は作品番号

07 岐阜高専
靴用品

超蝶トレナイン
―― 靴紐固定用クリップ

◎木田 なを、岩井 綾星、今西 巧、塩中 翔太［機械工学科5年］
担当教員：石丸 和博［機械工学科］

08 釧路高専
包丁安全具

抑鍔くん
（おさつば）

◎澤田 郁也、佐藤 寿純、西端 祐樹、宮田 要［機械工学科5年］
担当教員：前田 貴章［創造工学科］

10 福井高専［C］
携帯ボタン付け用品

ボタンのキューピッドちゃん

◎林田 剛一、河元 佑輝［生産システム工学専攻科1年］／
中本 邦子、森田 裕貴［環境システム工学専攻科1年］
担当教員：藤田 克志［機械工学科］

12 明石高専
カップ麺ホルダー

KASE by ケース
（ケース）

◎横山 遼河、穴田 祐一朗、山本 遼太［機械工学科5年］
担当教員：松塚 直樹［機械工学科］

⑯ 神戸市立高専

鉛筆削り

Push-Sharpen
(プッシャープン)

◎柳田 雄大、経沢 尚輝、中水流 大、向井 騎壮［機械工学科4年］
担当教員：宮本 猛［機械工学科］

㉓ 北九州高専

付け爪

Nailmighty
── 爪×万能性

◎井上 優輝、渋谷 大輝、田橡 警悟、村上 風詩［機械工学科5年］
担当教員：滝本 隆［生産デザイン工学科機械創造システムコース］

㉔ 東京都立産業技術高専 （品川）

文房具

NAOHIRA

◎新井 駿佑、山崎 幹太［ものづくり工学科生産システム工学コース4年］
担当教員：三隅 雅彦［ものづくり工学科生産システム工学コース］

本選

本選審査総評

誰かの便利を考えるのはとても楽しい

新野 俊樹（審査員長）

AMはスマホと似ている

　私がはじめてスマートフォン（以下、スマホ）を持ったのは、今から7年ほど前だった。購入した店を出ていろいろいじくっているうちに、これは電話ではなくて小さなパソコンだと理解した。しかし、パソコンとしてみると、メモリーは少ないし、電池はもたないし、文字は入力しにくいしで全くできの悪い代物だった。一方、電話としての価値はといえば、その頃から情報の伝達はメールなどが主流となり、電話そのものの価値がほとんどなくなっていた。そんなわけで、私はそのスマホを1年半だけ使い、いわゆるガラケー（日本独自の携帯電話）に戻ってしまった。しかし、戻ってみると何とも不便で、結局はSIMカードを抜いたスマホを再び出してきてWi-Fiにつないで使うことになったのである。ハードウエアとしては、通信機能と必ずしも精度の良くない入力デバイスと、GPSの付いた貧弱なパソコンなのに、スマホはなぜか便利だったのだ。

　前置きに大分紙面を割いてしまった。初期のスマホの1つ1つの機能だけを見ると大したことはないのに、何かできそうに感じる、という点は、現在のAM技術（もしくは装置）の特徴とよく似ている。そして、両者とも本体のハードウエアではなく、アプリケーションが重要なのである。私はそんなスマホのアプリを2種類に分けられると考えている。1つはスマホができる前からあったものをスマホに詰め込んだもの、カメラや音楽プレイヤがこれに当たる。もう1つは、スマホがないとできないもの、こちらは例がちょっと微妙だが、健康管理アプリや、タクシー配車アプリなどスマホ以前には存在しなかった便利を提供するサービスだ。

便利を提供して一儲け

　今回のデザコンにはAM技術の新しい「アプリ」が多数寄せられ、新規性、活用性、事業性の3つの点から審査した。このように書くと難しく見えるが、スマホアプリに例えれば、スマホがないと成立しなくて（＝活用性）、便利だなと思えて（＝新規性）、他人がお金を払ってでも買ってくれるもの（＝事業性）を考えればよいわけである。審査をする中で、審査基準への対応に苦心した参加者がいたように感じたが、審査基準の意図は、これから社会に出て行くみなさんに、新しい技術を活用して、便利を提供する、そして、できれば一儲けしてやろうという気持ちを持ってほしいという点にある。デザコンを経験したみなさんには、ぜひ、そんなイノベータ（革新者）やクリエータ（創造者）になってもらいたいと思う。誰かの便利を考えるのはとても楽しいことだから。

＊文中の作品名は、サブタイトルを省略。高専名（キャンパス名）［チーム名］『作品名』［作品番号］で表示
＊文中の［　］内の2桁数字は作品番号。エントリー時の番号に統一

若者の新しいアイディアや
デザインが未来を拓く

早野 誠治（審査員）

AM技術で高付加価値の新事業を

　AM技術は1980年に誕生し、1984年から事業化が始まった。私自身は1987年からAM装置の事業化に携わり、すでに30年が過ぎてしまった。AM技術は複雑な構造や一品物を製造できる技術だが、日本国内では従来の射出成形*¹や切削加工*²の技術を超えるものではないと考えられ、残念なことに、30年間の大半を、試作用途のみに用いられてきた。

　しかし、欧米ではAM技術を最終製品（消費者が使えるレベルの製品）の製造技術ととらえ、AM技術を利用した新しいビジネスとは何かを追求してきた。その結果、AM技術や材料の多様化によりカスタムメイド補聴器やマウスピースを用いた歯列矯正などの巨大ビジネスが発生している。

　今、大量生産製品のビジネスはコストや賃金の安い国々へとシフトしている。それに対して、欧米そして日本では、AM技術に新しいアイディアやデザインを融合させた新製品やサービスによる、高付加価値の新事業やブランド化（他にない固有の魅力があり、名前を聞いただけで良い物と認識されること）が模索されている。

アイディアをビジネスとして広げるには

　今回のデザコンに審査員として参加して、若い人たちの新しいアイディアやデザイン、そして意気込みに触れることができ、とても楽しかった。だが、応募作品は、まだまだ既成の概念や製品に拘束されているような気がした。また、みなさんが考えた新製品やサービスがどれほどすばらしくても、それがビジネスとして定着し、世界に向けて広がっていかなければ、そのアイディアやデザインは生きた物とはならない。

　多くの人々を感動させる新しいアイディアやデザインにビジネスを融合させるところにのみ未来が拓けるものと思う。

註
*1　射出成形：材料を加熱溶融させ、圧力を加えて金型に入れて、成形する方法
*2　切削加工：工具類で材料を切り削り、必要な形状に加工する方法

もう一工夫加えることで
良くなる

松田 均（審査員）

付加価値を生み出す重要性

　今回も、みなさんからいろいろなアイディアが出てきた。ユーザーがお金を出しても欲しいと思える物になるまでに、もう一歩だ。もう少しの工夫でビジネスになるかもしれない、という可能性を感じさせてくれた。

　本選では、みなさん、上手にプレゼンテーションをし、審査員の質問にも堂々と答えることができていた。入念に準備して、本番を迎えているであろうということが感じられた。

　AM技術で、既成の商品と同じような物を作っても意味がない。製作コストが高い分、付加価値を生み出すことが必要なのである。

すでにある商品との違いを

　今回は、自身や身近な人たちのニーズに基づいて考えた作品が数多く見受けられた。中には、自分たちで考えたアイディアでも、インターネットなどで調べてみると、類似の製品がすでに発売されていた場合もあったと思う。それは、そのアイディアにはビジネスが成り立つ可能性があるということでもある。しかし、先に思いついて商品化した人がいるのだから、後発の商品には、先にできた商品との違いが求められ、もう一工夫が必要になる。

　本選で、その工夫の仕方をいろいろと提示してくれた作品には、おもしろい発想をしているなと感じられ、その他の作品との評価が分かれた。もう一工夫できた人たちは、作品への自己満足度も高かったのではないだろうか。それがものづくりの楽しさではないかと思う。AM技術という新しい道具をどうやって使うのかをよく考えて、若いみなさんの柔軟で楽しい発想から、AM技術が広まることを期待している。

本選審査経過

趣向を凝らしたプレゼンテーションと
作品ごとにじっくり時間をかけた審査で理解度UP

会場設営とオリエンテーション：
審査過程別に分かれた2会場で設営

　本選1日めの9:00から本選参加者の受付をAMデザイン部門会場の入口で開始した。受付では到着したチームからプレゼンテーションの発表資料とポスターの画像データを受け取り、実行委員会のパソコンに保存した。受付を済ませた参加者は、ポスターセッション会場の各作品に割り当てられた展示ブースで、ポスターの掲示と作品の展示準備を開始した。

　今回は300人ほどが入れる広い会場を使えたため、会場の半分をポスターセッション会場、残り半分をプレゼンテーション会場に分けて使用。また、参加者や来場者が本選に進めなかった作品も見られるように、予選に応募された全エントリーシートを会場の一角に掲示した。

　広々としたポスターセッション会場では、各作品の展示ブースをコの字状に配置したため、全12作品のポスターを一度に見渡すことができた。プレゼンテーション会場では、事前に、作品ごとにパソコンとプロジェクタの接続が確認され、本番に備えた。

　開会式後のオリエンテーションでは、新野俊樹審査委員長からの「予選審査で各作品に付けた要望に対して、どう応えてくれたかを楽しみにしている」に続き、早野誠治審査員から「若い時こそ新しいことにチャレンジしてほしい」というエールが送られた。松田均審査員からは「付加価値の高い製品を生み出すために、AM技術は重要である」というコメントがあった。

　その後、スケジュールやプレゼンテーションの方法について説明があり、最後に各作品のプレゼンテーションの順番を決める抽選を行なった（表1参照）。

表1　プレゼンテーションの順序（抽選）

発表順	本選番号	作品番号	作品名	高専名（キャンパス名）[チーム名]
01	12	24	NAOHIRA	東京都立産業技術高専（品川）
02	06	10	ボタンのキューピッドちゃん	福井高専[C]
03	02	03	柄ノ器	苫小牧高専
04	09	16	Push-Sharpen（プッシャープン）	神戸市立高専
05	08	13	アクティブマスク	木更津高専
06	04	07	超蝶トレナイン	岐阜高専
休憩　約15分					
07	05	08	抑鍔くん	釧路高専
08	10	20	Fantasistar	函館高専
09	07	12	KASE by ケース	明石高専
10	01	02	安心はかり「確認くん」	弓削商船高専
11	11	23	Nailmighty	北九州高専
12	03	06	Bright	石川高専[A]

＊チーム名の[A][B][C]は、同一高専から参加した複数のチームを区分するためランダムに付けられたもの
＊表中の作品名は、サブタイトルを省略
＊展示ブースは、作品番号順に配置

＊文中の作品名は、サブタイトルを省略。高専名(キャンパス名)[チーム名]『作品名』[作品番号]で表示
＊文中の[　]内の2桁数字は作品番号。エントリー時の番号に統一

125

プレゼンテーション：
趣向を凝らした演出やパフォーマンスで作品をアピール

13:00から開始したプレゼンテーションは、各作品ごとに発表10分、質疑応答5分の持ち時間で進んだ。質疑応答の時間を長めに取ることで、各作品に審査員全員が十分に質問できたため、作品に対する理解を深めることができた。

プレゼンテーションでは、各チームごとに工夫を凝らした演出やパフォーマンスを交えて3つの審査基準「新規性」「事業性」「活用性」を中心に作品をアピールした。質疑応答では、特に事業性について答えることに苦労しているチームが多かったようである。

東京都立産業技術高専（品川）『NAOHIRA』[24]には「販売予定価格300円では安すぎませんか」（早野）というコメントがあり、事業として見た時の工夫をアドバイスしていた。釧路高専『抑鍔くん』[08]は、「どのような包丁にも付けられるようにできないか」（松田）との質問に、「包丁ごとにサイズが違うが、3Dプリンタであれば対応できると考えた」と答えていた。弓削商船高専『安心はかり「確認くん」』[02]には、「3次元データのインターネット上でのダウンロード販売について、誰か言わないかなとずっと思いながら見ていたけれど、とうとう言ってくれた」（新野）という発言に続き、その際の問題点について説明があった。石川高専［A］『Bright』[06]は会場を暗くし、作品の中にあるLEDランプを点灯することで柔らかな光が会場に灯るという演出をした。

ポスターセッション：
作品のレベルアップに向けた議論も白熱

　本選2日めは、9:00からポスターセッションを開始した。審査員3人はそれぞれ分かれて各作品の展示ブースを訪れ、3Dプリンタによる造形物やポスターなどの展示物を見ながら参加者の説明を受けた。参加者は、審査員との質疑応答を通してプレゼンテーションでは伝えられなかった作品への思いを伝えた。さらに良い作品とするにはどう工夫すればいいのか、新しい使い方は？　など、作品の発展性、市場での価値について審査員と真剣に議論する参加者の姿が印象的だった。

　神戸市立高専『Push-Sharpen（プッシャープン）』［16］の展示ブースでは、各審査員が鉛筆を穴に差し込んで押し、削れることを体験。削れる構造に感心しつつも、売れるためにはどうしたらよいかについて、さらに質問していた。

　福井高専［C］『ボタンのキューピッドちゃん』［10］は、取れたボタンに作品を取り付ける実演をして応急措置に使える実用性を示していた。函館高専『Fantasistar』［20］は、一体成型で作られた免震構造の機能性と、雪の結晶をあしらいLEDランプで光らせるデザイン性に注目が集まった。

：数字は作品番号

127

講評：
3つの審査基準を軸に多面的に評価

昼休憩を挟み審査結果の発表と各作品に対する講評が行なわれた。審査では、審査基準である「新規性」「事業性」「活用性」を主な判断材料とし、得点の集計結果をもとにプレゼンテーションやポスターの出来、質問に対する回答を加味し、審査員3人の協議により各賞を決定したことが、まず審査員長から説明された。審査はすでに別室で行なわれており、この場では結果のみが伝えられた。優秀賞から順に最優秀賞、審査員特別賞と発表されるたびに会場に歓声が起きた（表2参照）。

結果発表後、新野審査員長から、最優秀賞（経済産業大臣賞）の函館高専『Fantasistar』［20］、優秀賞の弓削商船高専『安心はかり「確認くん」』［02］と石川高専［A］『Bright』［06］は、どのような点が評価されたのかの説明があった。審査員特別賞には、木更津高専『アクティブマスク』［13］に選定した早野審査員から、苫小牧高専『柄ノ器』［03］に選定した松田審査員からそれぞれ講評があった（本書116～120ページ審査講評参照）。その後、岐阜高専『超蝶トレナイン』［07］には「価格で勝負するのは難しいので、付加価値を高めるようにもう一歩踏み込んで検討すると良かった」（松田）、北九州高専『Nailmighty』［23］には「プロテクターとして付け爪を使うというアイディアはおもしろい。用途としてはよいテーマだ」（早野）、明石高専『KASE by ケース』［12］には「すでに似たものはあるかもしれないので、もう少し3Dプリンタで作る意味や特徴を出してほしかった」（早野）など、選外の作品すべてに審査員から講評があった。

最後に総評として、新野審査委員長から「はじめてスマートフォンが登場した時のように、世の中の人は今まで見たこともない価値を見出すと『これを買いたい』となる。若いみなさんは、ぜひ、そういうものを考えて、イノベータ（革新者）になってほしい」というメッセージが学生に送られた。
（山田 実　岐阜高専）

表2　本選──審査結果

作品番号	作品名	高専名（キャンパス名）［チーム名］	受賞
20	Fantasistar	函館高専	最優秀賞*1
02	安心はかり「確認くん」	弓削商船高専	優秀賞
06	Bright	石川高専［A］	優秀賞
03	柄ノ器──雪かきから変える北海道の冬	苫小牧高専	審査員特別賞
13	アクティブマスク	木更津高専	審査員特別賞
07	超蝶トレナイン──靴紐固定用クリップ	岐阜高専	
08	抑鍔くん	釧路高専	
10	ボタンのキューピッドちゃん	福井高専［C］	
12	KASE by ケース	明石高専	
16	Push-Sharpen（プッシャープン）	神戸市立高専	
23	Nailmighty──爪×万能性	北九州高専	
24	NAOHIRA	東京都立産業技術高専（品川）	

註
*1　最優秀賞：最優秀賞（経済産業大臣賞）
*表中のチーム名の［A］［B］［C］は、同一高専から参加した複数のチームを区分するためランダムに付けられたもの
*表中の作品番号は、エントリー時の番号で統一

開催概要

AMデザイン部門概要

【課題テーマ】安心・安全アイテム開発
【課題概要】
これからの技術者は少子高齢化、省資源化、グローバル化などさまざまな社会問題に対応しなければならない。こうした現実の問題を解決し、安心・安全な社会を実現するには、人工知能、再生可能エネルギー、新材料など、これまでにない創造的な解決方法が求められている。3Dプリンタによるものづくりもその1つだ。たとえば、高齢者や社会的弱者へのサポート技術、防災・減災技術やシステム、自動車の自動運転システム、あらゆるモノをインターネットにつなぐIoT技術などを、3Dプリンタの造形技術を活用して、より「安心・安全」なものにするアイテムや技術を具体的に提案してほしい。そして、日々の生活や学習で思い浮かんだ「こういうものを作りたい」という独創的なアイディアや情熱を3Dプリンタによって形にし、社会実装を目指した作品を作ってほしい。3Dプリンタだからこそ実現できる、自由な発想に基づく独創的なアイディアを求める。
【審査員】新野 俊樹（審査員長）、早野 誠治、松田 均
【応募条件】
4人までのチームによるもの。1人1作品。予選未通過の場合、構造デザイン部門への応募可
【応募数】24作品（76人、18高専）
【応募期間】
エントリーシート提出期限：
2017年9月4日（月）〜8日（金）
【設計条件】
①3Dプリンタによる造形技術を活用していれば、アイテムである必要はない。ただし、3Dプリンタで製作した、提案を説明または表現する造形物「作品」を必ず用意
②3Dプリンタによる造形技術を活用していれば、3Dプリンタによる造形物以外の要素を含んでも、他の工作技術を併用してもよい。作品（説明用の造形物）も同様
③現在ある技術を前提とする必要はない。ただし、その場合には、解決すべき技術的な課題などを具体的に示すこと
④提案の背景を客観的なデータなどを用いて示し、その実用化が社会にもたらすと期待できる効果を具体的に示すこと
⑤3Dプリンタで用いる原材料の種類は不問。提案で想定される原材料と、作品（説明用の造形物）に用いる原材料を一致させる必要はない
⑥提案内容が特許などの知的財産権に関係する場合は、必要な手続きをとること。また、同様の事例や他人の作品の流用がないことを確認すること
⑦法令等との適合度は、評価の対象外

本選審査

【日時】2017年12月2日（土）〜3日（日）
【会場】じゅうろくプラザ 5階 大会議室
【本選提出物】
①ポスター：A1判サイズ1枚（縦向き）
②作品：3Dプリンタによる造形物
③補助ポスター：A1判サイズ1枚（縦向き）まで［任意］
④ノートパソコンやDVDプレイヤなどによるプレゼンテーション［任意］
【展示スペース】
テーブル：幅1,800mm×奥行600mm×高さ700mm
展示用パネル：幅1,800mm（900mm2枚分）×高さ2,100mm。テーブル背面に設置
電源：コンセント1口
①作品：テーブルに展示
②ポスター：展示用パネルに掲示
③その他［任意］
【審査過程】
参加数：12作品（43人、12高専）
日時：2017年12月2日（土）
①プレゼンテーション 13:00〜17:00
日時：2017年12月3日（日）
②ポスターセッション 9:00〜12:00
③講評 13:00〜14:00
【審査基準】
①新規性：アイディアの新規性や独創性
　叫びたくなるような驚き、ドキドキするようなときめきや感動、楽しさ、新しさを感じさせるもの
②事業性：実用化した際の事業上のインパクト
　ユーザーに買ってもらえるか。ユーザーのニーズにマッチしているか、収益性、生産性、低コスト、ブランド化などを問う
③活用性：3Dプリンタの機能や特徴の活用性
　個別のカスタマイゼーションへの対応、即時の提供、従来の方法では製造できない複雑形状による高付加価値の創出など

予選

予選審査総評──本選参加者に期待すること

AM技術を使う理由

新野 俊樹（審査員長）

　アイディアをこらした力作が集まったが、本選で各作品のプレゼンテーション（以下、プレゼン）をていねいに見るために、審査基準により適っているものを優先して選出する結果となった。

　本選では、AM技術（3Dプリンティング）を使う理由、たとえば、カスタマイズ（使用者のニーズに応じた仕様の変更）やAM技術でしか加工できない複雑形状などをわかりやすく伝えるプレゼンを期待している。

事業化を見据えて

早野 誠治（審査員）

　たくさんのアイディアを提案してもらい、感謝している。みなさんのアイディアが「便利だな」とか「素敵だな」といった感動を人々に与え、そのアイディアを普及させることが、製品化であり、事業化である。製品性（製品の完成度）や商品性（商品としての魅力）が低かったり、あるいは、価格が高過ぎたりすると、誰にも買ってもらえない。

　本選では、AM技術を用いることの特徴と事業化案を含めたプレゼンテーションを期待している。

数字を効果的に使う

松田 均（審査員）

　3Dプリンタは、ひらめきを形に変える。そして、新しいビジネスの夢が広がる。応募作品の中から、その可能性を感じさせるものを優先して選んだ。

　本選では、具体的な作品として、さらに磨き上げ、作品にこめた想いが他人に伝わるようなプレゼンテーションを期待している。提案内容の説得力を増すために、プレゼンテーションで調査や統計の数値をはじめとする数字を効果的に使うことも考えてみてほしい。

予選審査経過

　予選審査は、テーマに合った作品であることをわかりやすく説明できていること、審査の評価軸（新規性、事業性、活用性）に照らして十分な妥当性と可能性のあること、を考慮した審査となった。

　予選審査前に、応募された24作品のエントリーシートの電子データを3人の審査員にメールで配布し、事前に応募作の提案内容を把握しておいてもらった。

　予選審査は、各審査員が課題テーマに対する3つの評価軸（新規性、事業性、活用性）について採点し、それを集計した総合点数を参考に審査員全員で協議して、本選に参加する作品を決定するという方法で行なわれた。

　まず、審査員全員で、応募作品のエントリーシートの内容を再確認しながら、各審査員が作品ごとにそれぞれの評価軸について点数を付け、すべての作品の採点が終わったところで、各作品の総合点数を集計した。そして、総合点数を参考に、テーマに合った作品であることがわかりやすく説明されていることに加え、提案内容の完成度の高さという観点から検討し、まず17作品を選出した。

　次に、選出された17作品に対して、得点の理由を再確認しながら、さらなる検討と見直しを図った。AM技術の展開が難しい作品を外し、提案の考え方を再検討すれば、新規性、事業性、活用性の可能性が高くなるであろう作品に絞り込み、最終的に12作品を本選へ進む作品として決定した。

　予選通過作品には、本選に向けたブラッシュアップの要望と合わせて、予選結果を通知した。

　なお、応募された24作品のエントリーシートは、本選の会期中、AM部門の会場内に展示された（左ページ写真参照）。

（小林 義光　岐阜高専）

表3　予選——選出結果

作品番号	予選通過	高専名（キャンパス名）[チーム名]	作品名
01		群馬高専	Book Puller
02	○	弓削商船高専	安心はかり「確認くん」
03	○	苫小牧高専	柄ノ器——雪かきから変える北海道の冬
04		福井高専[A]	笑顔がひろがる、かんたんスマホスピーカー
05		一関高専	スイッチ式1wayペダル
06		石川高専[A]	Bright
07	○	岐阜高専	超蝶トレナイン——靴紐固定用クリップ
08	○	釧路高専	抑鍔くん
09		福井高専[B]	Piece
10	○	福井高専[C]	ボタンのキューピッドちゃん
11		高知高専	embrace tassel
12	○	明石高専	KASE by ケース
13	○	木更津高専	アクティブマスク
14		金沢高専[A]	通学見守りカメラ　プロテージ
15		金沢高専[B]	簡易シートベルト
16	○	神戸市立高専	Push-Sharpen（プッシャープン）
17		茨城高専	Öration
18		石川高専[B]	電子つみき
19		石川高専[C]	NFCタグ入り食品サンプル
20	○	函館高専	Fantasistar
21		鶴岡高専[A]	ドアクッション
22		鶴岡高専[B]	gividas
23	○	北九州高専	Nailmighty——爪×万能性
24	○	東京都立産業技術高専（品川）	NAOHIRA

＊○：予選通過
＊表中のチーム名の[A][B][C]は、同一高専から参加した複数のチームを区分するためランダムに付けられたもの

開催概要（予選）

予選審査

【日時】2017年9月19日（火）13:00〜17:00
【会場】国立高等専門学校機構　竹橋オフィス
【事務担当】山田 実、小林 義光（岐阜高専）
【予選提出物】
エントリーシート：
①学校名、作品名、メンバー氏名など
②概要：何を提案しているかわかるように、図や表、写真、図面などを多用し、A4判サイズ1ページ以内にまとめる
③詳細：提案の詳細がわかるように図や表、写真、図面などを多用し、A4判サイズ3ページ以内にまとめる
【予選通過数】12作品（43人、12高専）

> 予選通過作品一覧

本選に向けたブラッシュアップの要望

新野 俊樹（審査員長）

　本選のプレゼンテーションでは、スライドを用意し、審査基準である次の3項目に即して説明すること。

新規性：
類似製品や特許があるかを調べる。他に類似製品や特許があった場合は、それらとの違い、提案作品の特徴・工夫を示してほしい。

事業性：
提案作品を1個いくらで販売し、誰が買うのか、どの程度の販売個数を想定しているのか、を含めて事業性を示してほしい。

02　弓削商船高専
安心はかり「確認くん」

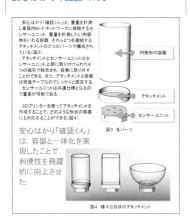

03　苫小牧高専
柄ノ器
―― 雪かきから変える北海道の冬

06　石川高専［A］
Bright

07　岐阜高専
超蝶トレナイン
―― 靴紐固定用クリップ

08　釧路高専
抑鍔くん

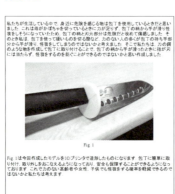

10　福井高専［C］
ボタンのキューピッドちゃん

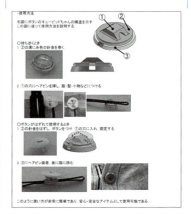

*高専名は、高専名（キャンパス名）[チーム名]で表示
*チーム名の[A][B][C]は、同一高専から参加した複数のチームを区分するためランダムに付けられたもの

：数字は作品番号

活用性：
個々にカスタマイズできるという3Dプリンタの特徴を主張する作品が多いが、3Dプリンタによってカスタマイズする利点がどこにあるのか、3Dプリンタを使う多様性はどこにあるのか、AM技術を使って提案作品を作る利点を示してほしい。

*2017年9月19日　予選審査後の発言をもとに作成

12　明石高専
KASE by ケース

13　木更津高専
アクティブマスク

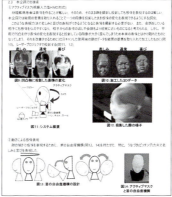

16　神戸市立高専
Push-Sharpen（プッシャープン）

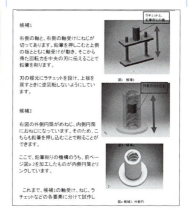

20　函館高専
Fantasistar

23　北九州高専
Nailmighty――爪×万能性

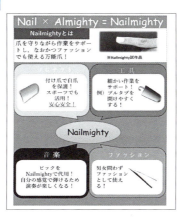

24　東京都立産業技術高専（品川）
NAOHIRA

133

予選 12 作品

00：数字は作品番号

Book Puller

01 群馬高専

◎手嶋 勇太、
小倉 魁一（3年）、
朝戸 拓望（2年）
［機械工学科］

笑顔がひろがる、かんたんスマホスピーカー

04 福井高専［A］

小林 大貴［生産システム工学専攻科1年］／
◎塚田 純太、
土井 貴寛［機械工学科5年］

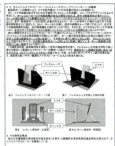

スイッチ式1wayペダル

05 一関高専

◎高橋 涼太、
小岩 滉宜、
手嶋 日向、
最上 会子［機械工学科4年］

Piece

09 福井高専［B］

◎岩壁 駿、
玉村 北斗［生産システム工学専攻科1年］／
住本 龍仁、
田中 碧［環境システム工学専攻科1年］

embrace tassel

11 高知高専

◎刈谷 直人、
國元 陸人、
谷脇 章平［環境都市デザイン工学科5年］

通学見守りカメラ プロテージ

14 金沢高専［A］

◎甲斐 未森［機械工学科4年］

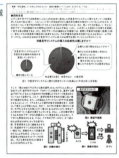

簡易シートベルト

15 金沢高専［B］

◎北野 紘香［機械工学科3年］

デコレーション ⚘ration

17 茨城高専

◎青山 翔、
坂本 康輔［機械システム工学科5年］

電子つみき

18 石川高専［B］

◎三宅 美歩、
澤藤 和光［電子情報工学科4年］

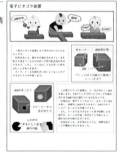

NFCタグ入り食品サンプル

19 石川高専［C］

◎今井 美穂、
中西 彩乃［電子情報工学科4年］

ドアクッション

21 鶴岡高専［A］

◎田村 隆一［機械工学科4年］／
磯貝 勇人（3年）、
成田 卓磨、
原田 忠詩（1年）
［創造工学科］

gividas

22 鶴岡高専［B］

成田 祐貴［電気電子工学科4年］／
◎齋藤 蓮［創造工学科電気電子コース3年］／
奥山 翔太、
伊藤 茉輝［創造工学科1年］

＊氏名の前にある◎印は学生代表　＊高専名は、高専名（キャンパス名）［チーム名］で表示
＊チーム名の［A］［B］［C］は、同一高専から参加した複数のチームを区分するためランダムに付けられたもの

135

審査員紹介

審査員長
新野 俊樹
にいの としき

AM技術研究者
東京大学生産技術研究所　教授

1990年	東京大学工学部精密機械工学科卒業
1995年	東京大学大学院工学系研究科精密機械工学専攻修了。博士（工学）取得　理化学研究所　基礎科学特別研究員
2000-12年	東京大学生産技術研究所　助教授
2012年-	同　教授

主な活動
専門は付加製造科学（Additive Manufacturing）。SIP（戦略的イノベーション創造プログラム）Additive Manufacturingを核とした新しいものづくりの創出の研究開発プロジェクトリーダー、ISO/TC261国内審議委員会　委員、体内埋め込み型材料（積層造形医療機器）開発ワーキンググループ　委員などを務める。

主な受賞
日本ロボット学会　第13回論文賞（1997年）、日本電子顕微鏡学会　2003年度最優秀論文賞、ファナックFAロボット財団論文賞（2007年）など

主な著書
『先端成形加工技術』（共著、プラスチック成形加工学会編、2012年、2014年、プラスチックス・エージ）、『はじめての生産加工学2——応用加工技術編』（共著、2016年、KS理工学専門書、講談社）など

早野 誠治
はやの せいじ

起業家、事業家
アスペクト　代表取締役

1955年	大分県大分市生まれ
1980年	早稲田大学理工学部電気工学科卒業　三菱商事株式会社に入社
1987年	同社にて、3Dプリンタ（光造形装置）の開発に着手
1993年	光造形産業協会（RP産業協会）を設立　事務局長
1993-96年	理化学研究所　派遣研究員（新型光造形装置開発）
1996年-	株式会社アスペクトを設立　代表取締役
2014年	3Dプリンター振興協議会を設立　代表

主な作品
『光造形システム』（1990年）、『積層造形システム』（1996年）など

主な著書
『積層造形技術資料集』（共著、2002年、オプトロニクス社）、『積層造形技術』（共著、2002年、オプトロニクス社）、『解説 3Dプリンター——AM技術の持続的発展のために』（共著、2014年、オプトロニクス社）など

主な受賞
2012東京都ベンチャー技術大賞（2012年）、第14回勇気ある経営大賞優秀賞（2016年）など

主な活動・業務
1991年から開催されたAM技術（3Dプリンター）のシンポジウムのほぼほとんどで、裏方としてAM技術の普及と啓発に尽力した

松田 均
まつだ ひとし

経済産業省　職員

1986年	通商産業省（現・経済産業省）入省
2007年	新エネルギー・産業技術総合開発機構主任研究員
2009年	経済産業省地域経済産業グループ地域技術課　課長補佐
2011年	同省製造産業局産業機械課　課長補佐
2012年	環境省水・大気環境局総務課　課長補佐
2014年	経済産業省商務情報政策局ヘルスケア産業課　課長補佐
2015年	日本医療研究開発機構情報システムグループ　グループ長
2016年-	経済産業省製造産業局素形材産業室　室長補佐

主な活動
次世代型産業用3Dプリンタ技術の開発を進める国家プロジェクトの担当など

プレデザコン
部門

課題テーマ
気になる「もの」

応募は高専の3年生以下の学生限定で、既成観念にとらわれない自由な発想による幅広いデザインを求める。デザコンの従来の4部門の内の3部門に連動して、3つのフィールドに分け、それぞれに以下の課題テーマを設定する。

①空間デザイン・フィールド
現存するか、過去に実在した構造物や風景の着彩した透視図。人の目では見られず、写真で撮ることもできない構図とする
②構造デザイン・フィールド
近未来に実現できそうな構造物を実現するために、必要な技術と材料を想定し、それが持つべき性能と活用された時のイメージを描くこと
③AMデザイン・フィールド
次世代のサポート技術（環境、防災、情報、エネルギー、福祉など）と、その技術の活用によって得られる効果を提案してほしい

本選参加作品 29

タイムライン
本選
2017.10.16-10.20　応募
2017.12.02　　　　作品展示、投票
2017.12.03　　　　作品展示、結果掲示

受賞作品 4

最優秀賞（科学技術振興機構〈JST〉理事長賞〈JST〉、**一般投票優秀賞**
石川高専『虫避AP —— アミドレス』（AMデザイン・フィールド）
優秀賞（科学技術振興機構〈JST〉理事長賞）
長野高専『風』（空間デザイン・フィールド）
サレジオ高専『TOMAMORI AMAMIKUN —— 可動式防潮堤』（構造デザイン・フィールド）
岐阜高専『忘れまペン —— WASUREMA-PEN』（AMデザイン・フィールド）

最優秀賞
科学技術振興機構〈JST〉理事長賞
一般投票優秀賞
AM-05
石川高専

得点：122

虫避AP（ムヒAP）── アミドレス

◎坂口 千陽、思川 奈津実、中野 さつき［建築学科3年］
担当教員：内田 伸［建築学科］

投票者コメント（抜粋）

▶虫除けを光で行なう発想はわかる。どの波長帯の光を使うかといった具体的な方法が示されていないのが残念。（新野 俊樹 審査員）
▶虫除けに光を利用することが斬新。まだ、風などの物理的進入物に対して対応できていないが、何らかの形で実用化できそう／見やすくわかりやすい／絵が上手でアイディアが良いだけでなく、+αの要素（構図、複数要素の組合せなど）がある／虫を殺さず、寄せ付けないというところがいい／欲しいと思った／これが実現したらおもしろそう／デザイン力が高く、訴えかけるインパクトがある／テーマに真っ直ぐに応え、プレゼンテーションもまとまっている／建物との融合という視点が建築学科らしい／「発想力」に重点を置いて魅力的に感じた。（教職員）
▶具体的な機能まで細かく考えられているところが良かった／この窓が実現したら、我が家にぜひとも欲しい／仕組みやメリットが詳しく書かれていてわかりやすかった／校舎内に虫が入ってくるので、これがあればうれしい／アイディアがおもしろい。人に無害ならすばらしい／内容がわかりやすく、レイアウトやデザインも興味を引かれた／3年生時の学習内容をうまく取り入れている／網戸なしで虫が入ってこないのはメリットだらけ／着眼点が実用的で良い／根拠が明確。色がきれい／虫避（ムヒ）という名前のユーモアにひかれた／山育ちの自分にはとても魅力的だった／物（網戸）を使わず、光によって虫を遮断するのがすごい／網戸があっても来る虫がいるため、色のフィルターで寄せ付けできないのは良い／光の波長によって虫を避けるアイディアは斬新／コンビニなどの企業で使用されているものを家庭向けにするにはやはり工夫が必要だ／風通しがよく、虫を入れないので便利／名前で機能がわかり、実用性がある／建物を設計する上で窓の問題は重要で、虫除けが解決できたらいいなと思っていたから。（学生）
▶主婦感覚で、こんなものがあれば掃除が楽。新鮮な空気をいつも取り込めて、さわやか。虫を殺さない紫外線を使うというのがまた気に入った／本当にこんな網戸があれば欲しい。しかも安価で!!／化学薬品を使わず、クリーン。かなりの確率で虫を入れなくできそうだしコストもよさそう／UV紫外線の長期的使用は人体への影響がやや心配／生活に必要だから良い。（一般来場者）

提案主旨：
網戸の衛生、通気性などの問題を解決するための提案。人と虫では感知できる光の範囲が違うというデータをもとに、虫が嫌がる短波長の光を発する装置を開口部の枠に取り付け、網戸を使わずに室内への虫の進入を抑制する。これにより本来の開放感あふれる開口部を実現し、内外の連続感を取り戻す。

＊138～140、142～144ページの氏名の前にある◎印は学生代表
＊高専名の上または左にある「フィールド名-数字」は作品番号。「空間」は空間デザイン・フィールド、「構造」は構造デザイン・フィールド、「AM」はAMデザイン・フィールドを示す

優秀賞 科学技術振興機構〈JST〉理事長賞
空間-16 長野高専

得点：51

風

◎宮嶋 太陽、木角 有希、籾山 遥希［環境都市工学科2年］
担当教員：西川 嘉雄［環境都市工学科］

提案主旨：
実際に現地に行き、まつもと市民芸術館の館長の言葉から、「風」がキーワードになっていることに着目した。そこで、テーマを風とし、流れを大切に描くことで風を表現した。具体的には、中と外の空間のつながりを持たせる構図とし、2階から1階を見下ろした図と、本来ある天井を突き抜けて屋上までを見せる図を1つの絵とした。

投票者コメント（抜粋）
▶さまざまな人たちが自然に集まり、学べる空間、交流できる空間がわかりやすくイメージできた。人が訪れたくなるような芸術館に描かれている。（大宮 康一 審査員）
▶流れる曲線のデザインがすばらしい／イメージがダイレクトに伝わる／風の流れが上手に活かされたデザイン。（教職員）
▶風というテーマに合ったデザイン。松本市に合っている／よくできた創造的なデザイン／出身地のよく知る風景の中に少しの工夫で一味違った様子が見られる／風が通り抜ける空間を広々とし、高さも利用したデザインで良かった／環境に配慮できていてひかれた／いいテーマ／素材感の違いが良かった／まつもと市民芸術館における「風」のコンセプトをわかりやすく表現／雰囲気が良い／曲線が美しく実際に風が吹き抜けそうだった。（学生）

優秀賞 科学技術振興機構〈JST〉理事長賞
構造-01 サレジオ高専

得点：119

TOMAMORI AMAMIKUN —— 可動式防潮堤

◎坂井 隼、宮川 亮太郎［デザイン学科1年］
担当教員：谷上 欣也［デザイン学科］

提案主旨：
毎日のように自然災害が起こる日本。先の東日本大震災で、被害が大きくなった原因の1つは、「防潮堤があるから安心」という油断によるものだった。そこで、「守る防潮堤」ではなく「危険を知らせる防潮堤」を考えた。この防潮堤は緊急時のみ作動するので、自然や景観を崩さずに、どんな環境にも調和できる。

投票者コメント（抜粋）
▶通常時は海の風景を見ることができ、災害時には危険通知システムが組み込まれ、実用性も高い。（中澤 祥二 審査員）／デザインのコンセプト、機能が明確。実現化には課題もあるが、既存の防潮堤の問題点を示している。（岩崎 英治 審査員）／平時の圧迫感の最小化のみならず、減波対応も考慮して、機能性に言及している。（岩田 美幸 審査員）
▶自然との調和のバランス感覚がすばらしい／大きな防潮堤は景観を損なう。自然との共存が求められている。（教職員）
▶津波対策として、コンクリートの表面とアルミ合金の柱という合成構造はすごくいい発想／海に海水を戻す際の水圧で逆流する。疑問はあるが、海が見える漁港として津波対策が考えられている／普段の生活に配慮しながら災害への備えが考えられていた。（学生）
▶受動的だったものを能動的に考える発想の転換がおもしろい。（協賛企業）
▶日本には高い防潮堤が多く、雄大な景色が見えないし、釣りもできない。危険を知らせる点も含めて良いアイディア。（一般来場者）

139

優秀賞
科学技術振興機構(JST)理事長賞

AM-04 岐阜高専

得点：61

忘れまペン —— WASUREMA-PEN

◎桐山 日菜子（3年）、岩島 ちひろ、渡邊 凛（1年）［建築学科］
担当教員：今田 太一郎［建築学科］

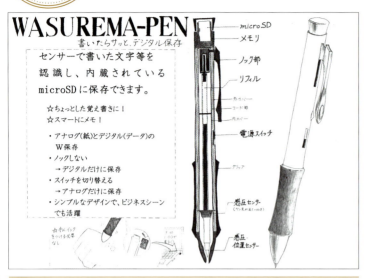

提案主旨：
「書いたらサッと、デジタル保存」。このペンがあれば、ちょっとした覚え書きがスマートにできる。メモ用紙がなくても大丈夫。このペンさえあれば、文字や絵だって、デジタル保存！

投票者コメント（抜粋）

▶ニーズのあるテーマでおもしろい。紙媒体やタブレットを必要としないため、新しい文具として研究の余地すら感じられる／障がい者にやさしい製品で今後大いに期待される／さまざまな場面で役立ちそう／ありそうでなかった／思いつかなかった発想。実用的で、実際に使いたい／表現力（デザイン、色彩）がある／デジタルな技術の形として、現在のアナログな行為を置き換えるのはありだろう。
（教職員）

▶手に書くようにメモしておけるのがうれしい／あり得そうな技術で、いつか実現しそうな近未来感が良かった。microSDなどのデバイスも普及してきたし、本当に作れそう。ただ、需要はそんなにないと思う／あったら絶対買う！ 使う！／アナログで書いたものをデジタルで保存できる製品はずっと欲しかった／細い構造まで考えてあり、実現してほしい。
（学生）

▶「アナログ」と「デジタル」の使い分けができる機能は、「助かるな」と実感。（協賛企業）

▶情報機器のインターフェースは大型になりがちで、持ち歩きにくいが、ペン型で他の装置の必要のない入力装置なら、持ち歩きやすく、気づいたらすぐに記録できるので便利／日用品として普及しそう。（一般来場者）

開催概要

プレデザコン部門　概要

【課題テーマ】 気になる「もの」
【課題概要】
昨年に引き続き、高専の本科3年生以下の学生限定のデザイン・コンペティションである。高専生らしさ＝「学術とものづくりとを巧みに結びつけるすぐれたセンスと、そこから生まれるアイディアを実践する力に裏打ちされた技術者魂」を胸に、既成概念にとらわれない自由な発想による幅広いデザインを求める。デザコンの従来の4部門の内の3部門（空間デザイン部門、構造デザイン部門、AMデザイン部門）に連動して、3つのフィールドに分け、それぞれに以下の課題テーマを設定する。

①空間デザイン・フィールド
　現存するか、または過去に実在した構造物や風景の着彩した透視図。一般的に人の目では見られず、写真で撮ることもできない構図とする。大胆で、かつ構造物の特徴や魅力が伝わるように工夫すること
②構造デザイン・フィールド
　河川の声が聞こえるような、自然や風景と調和する美しい橋などの構造物を実現するために、今後必要になると思う技術と材料を挙げ、それがもつべき性能と活用された時のイメージを描くこと。完全な空想ではなく、近未来に実現できそうな斬新で柔軟な技術の提案を望む
③AMデザイン・フィールド
　次世代のサポート技術（環境、防災、情報、エネルギー、福祉など）を図や絵を活用して提案してほしい。さらに、その技術の活用によって得られる効果も表現すること

【審査員】 なし。来場者の投票により審査
【応募条件】
①高専に在籍する本科3年生以下（所属学科や専攻は不問）の学生
②4人までのチームによるもの
③同一人物が、同一フィールドで複数の作品に応募することは不可
④同一高専の応募は、同一フィールドで6作品以内、合計12作品以内とする
⑤他部門への応募は可
⑥他のイベントなどに応募・発表していない作品に限る

【応募数】 29作品（51人、11高専）
（空間デザイン・フィールド：19作品／構造デザイン・フィールド：4作品／AMデザイン・フィールド：6作品）
【応募期間】
2017年10月16日（月）〜20日（金）
質疑応答なし

本選審査

【日時】 2017年12月2日（土）〜3日（日）
【会場】 じゅうろくプラザ　4階　エレベータホール
【本選提出物】 ポスター：A3判サイズ1枚（横向き）
【審査過程】
参加数：29作品（51人、11高専）
日時：2017年12月2日（土）9:00〜17:00
①展示
②投票
日時：2017年12月3日（日）9:00〜16:00
③展示、結果表示
【審査方法】
会場に展示された応募作品を見て、来場者が推薦する作品に各持ち点を投票し、その合計点により受賞作品を決定する。全作品の中で最高得点の作品を最優秀賞、最優秀賞以外の各フィールドの最高得点の作品を優秀賞（計3作品）、全作品中で一般来場者の票を最も集めた作品を一般投票優秀賞に選出
【投票の持ち点】
関連する3部門（空間デザイン部門、構造デザイン部門、AMデザイン部門）の審査員（1人10点）、高専教職員（1人5点）、協賛企業（1人3点）、高専学生（1人2点）、一般来場者（1人1点）
審査員は担当部門と連動するフィールドに投票、その他はどのフィールドのどの作品に持ち点内で何点入れても自由
（「創造デザイン部門」審査員は一般来場者と同じ）

本選

本選審査経過／総評

第2のステップ

エコバッグのデザインは、
安江 脩夏（岐阜高専建築学科2年）

「空間」「構造」「AM」の3フィールドで募集

　昨年に引き続き、2017年も高専の学生が早くからデザコンに親しみ、その後、継続して参加してくれることを目的に、高専の本科1～3年生を対象としたプレデザコン部門を実施した。デザコンの中心的な参加者である4、5年生の学生チームに入りにくい低学年の学生たちに活躍の場を提供し、既成概念にとらわれない自由で柔軟な発想をもとにした新規性のあるアイディアやデザインの提案を期待した部門である。

　プレデザコン部門の各デザイン・フィールドは、それぞれデザコンの4部門に連動する分野として、課題を設定してきた。今回は「授業で習ったこと」を「夏休みの宿題」の感覚で応募しやすい分野に絞って、2016年よりもフィールドの数を減らし、低学年生にも取り組みやすいように配慮した。当初は、この条件に適した「空間デザイン部門」「構造デザイン部門」の2分野で検討していたところ、「AMデザイン部門」関係者より低学年生に活躍の場を与えたいとの要望があり、最終的に、「空間デザイン部門」「構造デザイン部門」「AMデザイン部門」の3部門に関するフィールドで実施するに至った。

　昨年と同じ「気になる『もの』」を課題のメインテーマに、空間デザイン・フィールド、構造デザイン・フィールド、AMデザイン・フィールドの3フィールドに分けて作品を募集し、11高専29作品の応募があった。内訳は、空間デザイン・フィールドが19作品、構造デザイン・フィールドが4作品、AMデザイン・フィールドが6作品で、応募規定に外れる作品はなかった。

努力の甲斐あり一般来場者票が大幅アップ

　応募作品の審査にあたっては、昨年と同様、デザコンの初日に来場者による投票を行なった。投票時間を長くできるよう2日めの投票も検討したが、閉会式までに集計作業を終えることは難しいという判断で断念。結局、2日めは全作品の展示と受賞作品の紹介のみを行なった。

　投票における1人あたりの持ち点は、各フィールドのもととなる「空間デザイン部門」「構造デザイン部門」「AMデザイン部門」で審査を務めた審査員（各部門に3人）は10点、高専の教職員5点、協賛企業3点、高専の学生2点、一般来場者1点とした。各審査員は審査した部門と連動するフィールドに投票し（「創造デザイン部門」審査員は一般来場者と同じ）、それ以外の人はどのフィールドにも投票できる。投票者は持ち点の範囲内で（審査員は対象フィールド内で）、自由に投票することができ、持ち点分を複数作品に割り振ることも、持ち点すべてを1作品に投票することも可能だ。

　会場には、パネルを使って全フィールドの作品を展示した。作品展示スペースの間に投票箱を置いたカウンターを設置し、学生2人と教員3人の運営スタッフが、投票者の持ち点別にわかりやすく色分けした投票用紙を付近を通る来場者に配布。空間デザイン部門の会場入口付近で人の往来が多かったため、多数の人が熱心に展示作品を見て投票してくれた。

　昨年の大会で一般来場者の投票数が僅少だったため、今年は一般来場者数の増加が責務だった。高専限定イベントだけに難問だが、デザコンを開催するからには、一般の人に気軽に来場して、本部門に限らずデザコンや高専の活動を知ってもらうことは何よりも重要である。それで、会場は人通りの多い駅前という好立地だったが、念には念を入れ、投票した一般来場者（と高専の学生）にノベルティグッズとしてエコバッグを配ることにした。デザインは岐阜高専内（教員と学生）で公募し、岐阜らしく楽しいデザインを採択した。会期中は、運営スタッフが、会場建物周辺の往来者にも来場を呼びかけ、投票会場へ誘導。そのおかげもあってか、順調に投票数が伸び、用意したエコバッグ300個を早い時間で配り終えるという、うれしい結果になった。

栄冠は僅差でAMデザイン・フィールドの作品に

　投票は初日の17時に締め切り、念入りな確認作業を重ねて集計に3時間を要した。最多得点は、石川高専『虫避AP』［AM-05］の122点であり、この作品を最優秀賞（科学技術振興機構〈JST〉理事長賞）とした。今年は一般来場者も59票と多く、石川高専『虫避AP』［AM-05］が7点で最高点となり、最優秀賞と一般投票優秀賞のダブル受賞となった。最優秀賞を除いた各フィールドの最高得点は、フィールド順に、長野高専『風』［空間-16］が51点、サレジオ高専『TOMAMORI AMAMIKUN』［構造-01］が最優秀賞と僅差の119点、岐阜高専『忘れまペン』［AM-04］が61点で、この3作品に優秀賞（科学技術振興機構〈JST〉理事長賞）が与えられた。

プレデザコン部門の着実なステップアップに期待

　2日間を通して、高専の低学年生はもとより高学年生や一般来場者も展示作品をじっくり見てくれて、アイディアを形にするデザインへの興味に年齢は関係ないことを改めて実感できた。何よりも、プレデザコン部門では応募者の大会参加義務がないにも関わらず、大会に参加してくれた受賞者や指導者の喜びの声を直接聞くことができ、この部門を実施する意義は大きいと感じた。

　昨年、プレデザコン部門の「はじめの一歩」が始まったが、今年は、応募数はやや減ったものの投票数が大幅に増加し、受賞作品を含めて低学年ながらレベルの高い作品が多々あり、「第2のステップ」を踏めたのではないだろうか。2018年も、デザコン参加への準備過程として、チャレンジ精神にあふれた学生諸君からの創造的で新しいアイディアの応募を待っている。そして、本部門の認知度がさらに高まり、デザコンへの参加者が増え、同じ志を持つ高専の学生や高専間の交流がますます活発になることを願っている。

（宮藤　義孝、柴田　欣秀　岐阜高専）

註　＊文中に登場する作品名は、高専名（キャンパス名）『作品名』［フィールド名-数字］、で表示。サブタイトルは省略。
　　＊［フィールド名-数字］は作品番号。「空間」は空間デザイン・フィールド、「構造」は構造デザイン・フィールド、「AM」はAMデザイン・フィールドを示す

表1 投票集計結果

作品番号	作品名	高専名	審査員[*1]	教職員	学生	企業	一般	合計得点	受賞
空間-16	風	長野高専	4	14	33	0	0	51	優秀賞[*2]
空間-08	安田講堂	サレジオ高専	4	19	20	0	3	46	
空間-02	逆戻しの家――はりゅうウッドスタジオ	米子高専	0	16	21	1	0	38	
空間-09	昭和レトロ食堂	明石高専	3	12	19	0	1	35	
空間-19	四季の折々にて	豊田高専	2	8	23	0	2	35	
空間-04	Home	米子高専	5	9	19	0	1	34	
空間-15	移情閣――明石海峡を望む六角堂	神戸市立高専	5	9	17	0	2	33	
空間-01	仁風閣	米子高専	3	8	18	1	2	32	
空間-12	落水荘――日本を愛したライト	鹿児島高専	1	24	4	0	2	31	
空間-05	光の教会 日曜学校	米子高専	1	7	18	0	0	26	
空間-07	思い出の中の「ゆりかご」	大阪府立大学高専	0	14	6	0	3	23	
空間-10	目線と色彩――3つの目で見る333m	明石高専	1	7	12	0	0	20	
空間-11	自然史博物館――Oxford University Museum of Natural History	岐阜高専	0	12	5	0	2	19	
空間-17	保育園――子どもたちが作り上げる夢の国	徳山高専	0	10	5	0	4	19	
空間-03	Oh!――昼と夜の景色	米子高専	0	10	5	1	1	17	
空間-14	荒平天神	鹿児島高専	0	9	7	0	0	16	
空間-18	萩城――今は存在しない天守閣	徳山高専	0	9	6	0	1	16	
空間-06	落水荘	米子高専	1	4	3	0	0	8	
空間-13	つんひろば	鹿児島高専	0	1	1	0	0	2	
構造-01	TOMAMORI AMAMIKUN――可動式防潮堤	サレジオ高専	16	37	59	2	5	119	優秀賞[*2]
構造-02	吉野川の橋	明石高専	6	12	8	0	6	32	
構造-03	水に浮かぶ散歩道	明石高専	3	12	6	0	2	23	
構造-04	自然を透かす花	豊田高専	5	6	8	0	2	21	
AM-05	虫避AP――アミドレス	石川高専	5	44	66	0	7	122	最優秀賞[*2] 一般投票優秀賞
AM-04	忘れまペン――WASUREMA-PEN	岐阜高専	2	35	18	1	5	61	優秀賞[*2]
AM-03	マイクロウォッシュ	岐阜高専	14	5	2	0	3	24	
AM-02	レンコンのコンが相棒に!?	岐阜高専	3	7	4	0	3	17	
AM-06	セーフティーハンドル	豊田高専	4	3	6	0	2	15	
AM-01	H-1グランプリ	明石高専	2	4	2	0	1	9	

持ち点:審査員(関連する3部門の審査員)=1人10点/教職員(高専教職員)=1人5点/協賛企業=1人3点/学生(高専の学生)=1人2点/一般来場者=1人1点

註 *1 審査員:関連する3部門の審査員　*2 「最優秀賞」「優秀賞」:科学技術振興機構(JST)理事長賞
*関連する3部門の審査員は担当部門と連動するフィールドに投票(「創造デザイン部門」審査員は、一般来場者と同じ)。その他の人は持ち点の範囲内でどのフィールドのどの作品に何点票を入れても可
*作品番号の「空間」は空間デザイン・フィールド、「構造」は構造デザイン・フィールド、「AM」はAMデザイン・フィールドを示す

プレデザコン

――(本選 **25** 作品)――

安田講堂

空間-08 | サレジオ高専

◎深澤 里美[デザイン学科1年]
担当教員:谷上 欣也[デザイン学科]

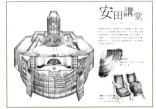

得点:46

昭和レトロ食堂

空間-09 | 明石高専

高見 優菜、◎谷口 七海[建築学科2年]
担当教員:坂戸 省三[建築学科]

得点:35

Home

空間-04 | 米子高専

◎勝部 麻衣[建築学科1年]
担当教員:小椋 弘佳[建築学科]

得点:34

逆戻しの家――はりゅうウッドスタジオ

空間-02 | 米子高専

◎新田 彩乃[建築学科2年]
担当教員:細田 智久[建築学科]

得点:38

四季の折々にて

空間-19 | 豊田高専

◎佐藤 優真[建築学科3年]
担当教員:山田 耕司[建築学科]

得点:35

移情閣――明石海峡を望む六角堂

空間-15 | 神戸市立高専

◎坂本 裕哉[都市工学科3年]
担当教員:上中 宏二郎[都市工学科]

得点:33

＊氏名の前にある◎印は学生代表

仁風閣

空間 - 01 | 米子高専

◎太田 綾香［建築学科2年］
担当教員：細田 智久［建築学科］

得点：32

光の教会　日曜学校

空間 - 05 | 米子高専

◎大下 帆空［建築学科3年］
担当教員：高増 佳子［建築学科］

得点：26

目線と色彩 —— 3つの目で見る333m

空間 - 10 | 明石高専

◎山﨑 なずな、岡 ゆきの［建築学科3年］
担当教員：水島 あかね［建築学科］

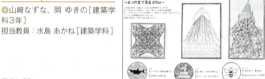

得点：20

保育園 —— 子どもたちが作り上げる夢の国

空間 - 17 | 徳山高専

◎角井 志帆［土木建築工学科3年］
担当教員：中川 明子［土木建築工学科］

得点：19

荒平天神

空間 - 14 | 鹿児島高専

◎田中 由愛、松木 万奈［都市環境デザイン工学科3年］
担当教員：岡松 道雄［都市環境デザイン工学科］

得点：16

落水荘

空間 - 06 | 米子高専

◎宇山 維乃［建築学科3年］
担当教員：高増 佳子［建築学科］

得点：8

落水荘 —— 日本を愛したライト

空間 - 12 | 鹿児島高専

◎松下 静香［都市環境デザイン工学科3年］
担当教員：岡松 道雄［都市環境デザイン工学科］

得点：31

思い出の中の「ゆりかご」

空間 - 07 | 大阪府立大学高専

◎藤村 瑞希［総合工学システム学科2年］
担当教員：鯵坂 誠之［総合工学システム学科都市環境コース］

得点：23

自然史博物館 —— Oxford University Museum of Natural History

空間 - 11 | 岐阜高専

◎長野 雅［建築学科2年］
担当教員：櫻木 耕史［建築学科］

得点：19

Oh！ —— 昼と夜の景色

空間 - 03 | 米子高専

◎徳岡 春香［建築学科2年］
担当教員：細田 智久［建築学科］

得点：17

萩城 —— 今は存在しない天守閣

空間 - 18 | 徳山高専

◎貞本 侑香里［土木建築工学科3年］
担当教員：中川 明子［土木建築工学科］

得点：16

つんひろば

空間 - 13 | 鹿児島高専

◎榎園 麻実［都市環境デザイン工学科3年］
担当教員：岡松 道雄［都市環境デザイン工学科］

得点：2

143

吉野川の橋

| 構造-02 | 明石高専 |

◎辻本 直哉、堤 靖弘、藤本 卓也[建築学科1年]
担当教員：東野 アドリアナ[建築学科]

得点：32

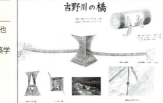

水に浮かぶ散歩道

| 構造-03 | 明石高専 |

◎前田 恵美、西川 舞香[建築学科3年]
担当教員：東野 アドリアナ[建築学科]

得点：23

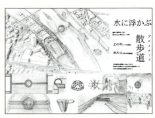

自然を透かす花

| 構造-04 | 豊田高専 |

◎佐藤 優真、稲垣 穂高、建部 出帆、山田 恭平[建築学科3年]
担当教員：山田 耕司[建築学科]

得点：21

マイクロウォッシュ

| AM-03 | 岐阜高専 |

◎長尾 祐花(2年)、中山 優那、河村 知香(1年)[建築学科]
担当教員：今田 太一郎[建築学科]

得点：24

レンコンのコンが相棒に!?

| AM-02 | 岐阜高専 |

◎山下 明日香[建築学科3年]
担当教員：今田 太一郎[建築学科]

得点：17

セーフティーハンドル

| AM-06 | 豊田高専 |

◎鈴木 小波、中村 光我[建築学科1年]
担当教員：山田 耕司[建築学科]

得点：15

H-1グランプリ

| AM-01 | 明石高専 |

◎樹下 晴香、多胡 旭、谷郷 風人[建築学科3年]／竹谷 夏葵[電気情報工学科3年]
担当教員：大塚 毅彦[建築学科]

得点：9

プレデザコン

デザコン2017
in 清流の国ぎふ ｜ 付篇

Contents

開会式
特別講演会
学生交流会
情報交換会
表彰式・閉会式
会場と大会スケジュール
応募状況

デザコンとは？

デザコン2017 in 清流の国ぎふ

開会式
日時：2017年12月2日（土）
10:00〜10:20
会場：じゅうろくプラザ　2階　ホール

特別講演会
演題：イノベーションを誘発する「スマートシティデザイン」
講師：杉山 郁夫（神戸大学客員教授、神戸情報大学院大学特任教授、日建設計シビル技術顧問、株式会社quality design 研究所代表）

日時：2017年12月2日（土）10:30〜11:20
会場：じゅうろくプラザ　2階　ホール
入場料：無料
定員：約400人
主旨：
「スマートシティデザイン」とは、ICT（Information and Communication Technology）を利用して「都市をデザインする方法」を意味する造語である。本講演では、その「都市デザインの過程」が、なぜイノベーションを誘発するのかについて解説する。
第1の理由は、BIM（Building Information Modeling）により、目指すべき都市が仮想空間で3次元化される結果、専門家を含めた利害関係者間のコミュニケーションが活性化されるからである。第2の理由は、IoT（Internet of Things）技術により、都市の現状把握とスマートシティが達成すべき目標の定量化が仮想空間上で可能となるからである。これは、サイエンティスト、エンジニアおよびデザイナーがイノベーティブなビジネスモデルを発想する原点になる。
「スマートシティデザイン」がその過程でイノベーションを誘発するのはこのような理由による。

講師プロフィール
杉山 郁夫 すぎやま　いくお
1951年　岐阜県岐阜市生まれ
1975年　名古屋大学工学部土木工学科卒業、日建設計入社
2003年　博士（環境学）（名古屋大学、環境博第二号）
2007-14年　日建設計シビル　技師長を経て取締役
2010-16年　名古屋大学　客員教授
2014年-　日建設計シビル退職、JR東海コンサルタンツを経て、現職

日建設計、日建設計シビルで都市計画、交通施設や海外プラントの設計、企画に従事。名古屋大学では高度総合工学創造実験、神戸大学では都市環境工学、神戸情報大学院大学では新興国留学生の大学院教育を担当し、都市問題に対応できるリーダーや専門家の育成に努める

学生交流会
日時：2017年12月2日（土）
17:30〜18:30（受付開始17:00）
会場：じゅうろくプラザ　2階　ホール
余興：和太鼓演奏（各務原太鼓保存会）

情報交換会
日時：2017年12月2日（土）
18:00〜20:00（受付開始17:30）
会場：じゅうろくプラザ　1階　レストラン「ラ・ローゼ・プロヴァンス」
余興：和太鼓演奏（各務原太鼓保存会）

表彰式・閉会式

日時：2017年12月3日（日）15:00 ～ 16:00　会場：じゅうろくプラザ　2階　ホール

［空間デザイン部門］
最優秀賞（日本建築家協会会長賞）：賞状＋盾＋副賞（日建学院提供他）
① 仙台高専（名取）：杜ヲ　温ネテ　森ヲ　想フ

優秀賞：賞状＋盾＋副賞
② 明石高専：古い土地の新しい夜明け
③ 明石高専：時とともに…─7つのトキと地域の子育て空間

審査員特別賞：賞状＋盾＋副賞
④ 有明高専：じじばばは上をゆく
⑤ 石川高専：あふれだす児童館

［構造デザイン部門］
最優秀賞（国土交通大臣賞）：賞状＋盾＋副賞（総合資格提供他）
⑥ 徳山高専：紡希

優秀賞：賞状＋盾＋副賞
⑦ 小山高専：Reinforce B

優秀賞（日本建設業連合会会長賞）：賞状＋盾＋副賞
⑧ 福島高専：剛橋無双

審査員特別賞：賞状＋盾＋副賞
⑨ 米子高専：礎
⑩ 呉高専：再善線

日刊建設工業新聞社賞：賞状＋企業盾＋副賞
⑪ 松江高専：真田軍扇

［創造デザイン部門］
最優秀賞（文部科学大臣賞）：賞状＋盾＋副賞（総合資格提供他）
⑫ 秋田高専：竿燈見に来てたんせ

優秀賞：賞状＋盾＋副賞
⑬ 仙台高専（名取）：うらとのさち・あらたなかち
⑭ 仙台高専（名取）：イノシシと共存、丸森で共存

審査員特別賞：賞状＋盾＋副賞
⑮ 岐阜高専：地域住民が運営するコミュニティカフェ
　　　　　　── 本巣市北部地域を対象として
⑯ 石川高専：雨のち、金沢　のちのち金沢

総合資格賞：賞状＋副賞
⑰ 舞鶴高専：健輪のムコウ

［AMデザイン部門］
最優秀賞（経済産業大臣賞）：賞状＋盾＋副賞
⑱ 函館高専：Fantasistar

優秀賞：賞状＋盾＋副賞
⑲ 弓削商船高専：安心はかり「確認くん」
⑳ 石川高専［A］：Bright

審査員特別賞：賞状＋盾＋副賞
㉑ 苫小牧高専：柄ノ器── 雪かきから変える北海道の冬
㉒ 木更津高専：アクティブマスク

［プレデザコン部門］
最優秀賞（科学技術振興機構〈JST〉理事長賞）：賞状＋盾＋副賞
㉓ 石川高専：虫避AP─ アミドレス（AMデザイン・フィールド）

優秀賞（科学技術振興機構〈JST〉理事長賞）：賞状＋盾＋副賞
長野高専：風（空間デザイン・フィールド）
サレジオ高専：TOMAMORI AMAMIKUN─ 可動式防潮堤
　　　　　　（構造デザイン・フィールド）
岐阜高専：忘れまペン─ WASUREMA-PEN
　　　　　（AMデザイン・フィールド）

一般投票優秀賞：賞状＋盾＋副賞
石川高専：虫避AP─ アミドレス（AMデザイン・フィールド）

［**特別賞**］[*1]：賞状＋副賞
モンゴル国合同高専（構造デザイン部門）

［**特別表彰**］[*2]
該当なし

註　*1　特別賞：今回、海外から初の参加となったモンゴル国合同高専チームを顕彰し授与された
　　*2　特別表彰：デザコンの各部門の最優秀賞を累計して5回以上、受賞した高専（キャンパス）を表彰する制度。本年は該当なし

デザコン2017 in 清流の国ぎふ

会場と大会スケジュール

会場：じゅうろくプラザ（岐阜県岐阜市橋本町1-10-11 ／ URL: http://plaza-gifu.jp/）

2017年12月2日（土）

時間	空間デザイン部門	構造デザイン部門	創造デザイン部門	AMデザイン部門	プレデザコン部門
8:30〜9:30	受付／展示準備				展示投票
10:00〜10:20	開会式　10:00-10:20				
10:30〜11:20	特別講演会　10:30-11:20				
11:30〜12:00	オリエンテーション　11:30-12:00				
12:00〜13:00	準備（昼食）				
13:00〜17:00	ポスターセッション 13:00-17:00	仕様確認 13:00-14:30／審査員審査 15:00-17:00	プレゼンテーション 13:00-17:00	プレゼンテーション 13:00-17:00	
17:00〜17:30	学生交流会準備　17:00-17:30					投票集計
17:30〜18:30	◆学生交流会（2階　ホール）17:30-18:30				
18:00〜20:00	◆情報交換会（1階　レストラン「ラ・ローゼ・プロヴァンス」）18:00-20:00				

2017年12月3日（日）

時間	空間デザイン部門	構造デザイン部門	創造デザイン部門	AMデザイン部門	プレデザコン部門
8:30〜9:00	受付／展示準備	受付／オリエンテーション 8:45-9:00	受付	受付	受付
9:00〜12:00	プレゼンテーション 9:00-12:00	耐荷性能試験 9:00-12:00	ポスターセッション 9:00-12:00	ポスターセッション 9:00-12:00	展示／結果発表
12:00〜13:00	準備（昼食）	準備（昼食）／成績集計と審査 12:00-14:00	準備（昼食）／審査と講評作成 12:00-14:00	準備（昼食）	
13:00〜14:00	公開審査・講評 13:00-14:00			講評 13:00-14:00	
14:00〜14:45		講評 14:00-14:45	講評 14:00-14:45		
15:00〜16:00	表彰式・閉会式　15:00-16:00				

デザコン2017 in 清流の国ぎふ

応募状況

地区	高専名（キャンパス名）	空間デザイン部門 予選	空間デザイン部門 本選	構造デザイン部門	創造デザイン部門 予選	創造デザイン部門 本選	AMデザイン部門 予選	AMデザイン部門 本選	プレデザコン部門
北海道	函館工業高等専門学校						1	1	
	苫小牧工業高等専門学校			2			1	1	
	釧路工業高等専門学校	9					1	1	
	旭川工業高等専門学校			1					
東北	八戸工業高等専門学校			1					
	一関工業高等専門学校			1			1		
	仙台高等専門学校（広瀬）								
	仙台高等専門学校（名取）	15	2	2	4	3			
	秋田工業高等専門学校	5		2	1	1			
	鶴岡工業高等専門学校						2		
	福島工業高等専門学校	1		2					
関東・信越	茨城工業高等専門学校						1		
	小山工業高等専門学校	3	1	1					
	群馬工業高等専門学校			2			1		
	木更津工業高等専門学校						1	1	
	東京工業高等専門学校								
	長岡工業高等専門学校	1		2					
	長野工業高等専門学校			2	1				1
	東京都立産業技術高等専門学校（品川）			1			1		
	東京都立産業技術高等専門学校（荒川）								
	サレジオ工業高等専門学校	1		1	2	1			2
東海・北陸	富山高等専門学校（本郷）								
	富山高等専門学校（射水）								
	石川工業高等専門学校	7	1	2	1	1	3	1	1
	福井工業高等専門学校	7		2			3	1	
	岐阜工業高等専門学校	2	1	1	9	1	1	1	4
	沼津工業高等専門学校								
	豊田工業高等専門学校	3		1					3
	鳥羽商船高等専門学校								
	鈴鹿工業高等専門学校				1				
	金沢工業高等専門学校			1			2		
近畿	舞鶴工業高等専門学校	5		2	1	1			
	明石工業高等専門学校	36	4	1	18		1	1	5
	奈良工業高等専門学校								
	和歌山工業高等専門学校			2					
	大阪府立大学工業高等専門学校	4		2	1				1
	神戸市立工業高等専門学校			1			1	1	1
	近畿大学工業高等専門学校	3		2					
中国	米子工業高等専門学校	16	1	2	2	1			6
	松江工業高等専門学校			2					
	津山工業高等専門学校			1					
	広島商船高等専門学校								
	呉工業高等専門学校	5		2					
	徳山工業高等専門学校	1		2					2
	宇部工業高等専門学校								
	大島商船高等専門学校								
四国	阿南工業高等専門学校			2	4	1			
	香川高等専門学校（高松）			2					
	香川高等専門学校（詫間）								
	新居浜工業高等専門学校			2					
	弓削商船高等専門学校						1	1	
	高知工業高等専門学校	7		1	1		1		
九州・沖縄	久留米工業高等専門学校								
	有明工業高等専門学校	5	1	1					
	北九州工業高等専門学校						1	1	
	佐世保工業高等専門学校								
	熊本高等専門学校（八代）	17							
	熊本高等専門学校（熊本）								
	大分工業高等専門学校								
	都城工業高等専門学校	2			1				
	鹿児島工業高等専門学校			1					3
	沖縄工業高等専門学校								
海外	モンゴル国合同高専			1					
	合計作品数	155	11	56	47	10	24	12	29
備考	参加学生数（延べ人数）	386	20	290	130	33	76	43	51
	参加学校数（延べ数）	22	7	36	14	8	18	12	11
	参加学校数（合計）	47							

デザコン2017 in 清流の国ぎふ

協力協賛企業・関連団体

協賛・広告

協力
豊橋技術科学大学　建築・都市システム学系、長岡技術科学大学環境社会基盤工学課程・専攻

特別協賛
株式会社建築資料研究社(日建学院)、株式会社総合資格(総合資格学院)、NTTインフラネット株式会社

一般協賛
太平洋精工株式会社、岐阜工業高等専門学校同窓会　若鮎会、株式会社アスペクト、株式会社安田日鋼工業、エーアンドエー株式会社、岐阜プラスチック工業株式会社、キヤノンマーケティングジャパン株式会社、株式会社熊谷組、ザイマックスグループ、昭和コンクリート工業株式会社、株式会社銭高組、株式会社長大、株式会社ナカノフドー建設、西松建設株式会社、日本国土開発株式会社、丸紅情報システムズ株式会社、メディア総研株式会社

広告協賛
株式会社日刊建設工業新聞社、株式会社市川工務店、株式会社大垣共立銀行、株式会社オンダ製作所、株式会社ギフ加藤製作所、一般社団法人岐阜県建設業協会、岐阜信用金庫、株式会社十六銀行、日東工業株式会社、一般社団法人日本道路建設業協会、株式会社フローリック、丸栄コンクリート工業株式会社、株式会社丸屋建設、美濃工業株式会社、森松工業株式会社

後援
文部科学省、国土交通省、経済産業省、国立研究開発法人科学技術振興機構、岐阜県、岐阜県教育委員会、本巣市、本巣市教育委員会、岐阜市、岐阜市教育委員会、公益社団法人土木学会、一般社団法人日本橋梁建設協会、公益社団法人日本コンクリート工学会、公益社団法人日本都市計画学会、一般社団法人日本建築学会、公益社団法人日本建築家協会、一般社団法人日本建築士事務所協会連合会、公益社団法人日本建築士会連合会、一般社団法人日本機械学会、公益社団法人日本技術士会、一般社団法人日本建設業連合会、一般社団法人プレストレスト・コンクリート建設業協会、一般社団法人建設コンサルタンツ協会、一般社団法人日本道路建設業協会、NHK岐阜放送局、岐阜新聞・ぎふチャン

特別協力
岐阜市信長公450プロジェクト／岐阜信長公おもてなし武将隊響縁／岐阜甲冑倶楽部／各務原太鼓保存会

運営組織

主催
一般社団法人全国高等専門学校連合会、独立行政法人国立高等専門学校機構

主管校
岐阜工業高等専門学校

全国高等専門学校デザインコンペティション実行委員会
伊藤 義人(委員長、岐阜高専校長)

○全国高等専門学校デザインコンペティション専門部会(第4期委員)
濵中 俊一(部会長、高知高専校長)、玉井 孝幸(幹事、米子高専)
空間デザイン部門：道地 慶子(石川高専)、森山 学(熊本高専〈八代〉)
構造デザイン部門：玉田 和也(舞鶴高専)、光井 周平(呉高専)
創造デザイン部門：玉井 孝幸(米子高専)、木村 竜士(高知高専)
AMデザイン部門：堀口 勝三(長野高専)、工藤 隆男(八戸高専)
プレデザコン部門：玉井 孝幸(米子高専)
オフィシャルブック担当：玉井 孝幸(米子高専)

開催校委員
前年度開催校委員：西岡 建雄(高知高専)
今年度開催校委員：和田 清(岐阜高専)
次年度開催校委員：三森 敏司(釧路高専)

○全国高等専門学校デザインコンペティション2017 in 清流の国ぎふ開催地委員会
委員(岐阜高専)
伊藤 義人(委員長)、和田 清(実施統括委員長)、片峯 英次(実施統括副委員長)
空間デザイン部門：今田 太一郎(部門長)、櫻木 耕史(副部門長)、小川 信之、清水 隆宏、鬼頭 彩、奥村 政充
構造デザイン部門：下村 波基(部門長)、岩瀬 裕之(副部門長)、犬飼 利嗣、柴田 良一、廣瀬 康之、角野 晴彦、水野 剛規、渡邉 尚彦、上原 義己、高橋 克彦、佐藤 昌彦
創造デザイン部門：吉村 優治(部門長)、鶴田 佳子(副部門長)、鈴木 正人、青木 哲、水野 和憲、菊 雅美、川端 光昭、山川 奈巳、奥田 浩幸
AMデザイン部門：山田 実(部門長)、小林 義光(副部門長)、中谷 淳、山田 博文、黒山 喬允、伊藤 健治、洲崎 文嘉
プレデザコン部門：宮藤 義孝(部門長)、柴田 欣秀(副部門長)、白木 英二、菅 菜穂美、堅田 陽子、高橋 憲吾、冨本 悠公、八木 真太郎、渡邉 慎、阪上 弘彬、加藤 真二
ホームページ、web：佐藤 健治、水野 元裕

参加学生に配布したエコバッグの図案「ギフチョウ(岐阜蝶)」
(デザイン：今田 太一郎　岐阜高専)

デザコンとは？｜「教育の場」「成果を社会に示す場」

デザコン（正式名称：全国高等専門学校デザインコンペティション）は、前身である全国高専建築シンポジウムの目的であった「学生相互の研鑽と理解」をベースに、2004年の第1回石川大会からは「人が生きる生活環境を構成するための総合的技術の習得」が目的に加わり、2013年からは建築や建設系の学科の学生に限らず、電気系、情報系、機械系の学科の学生も参加できる大会として「専門力（＝専門的な知識や技術）とエンジニアリング・デザイン力を育む」ことを目的とする場へと発展してきた。これは、情報や関係性がグローバルに広がる現代社会において、生活にまつわるさまざまな課題の解決のため高専の学生が持つ専門力をいかに生かすか、を考えるためだ。つまり、学生が「社会ニーズに専門力で応える」という課題に取り組む体験を通じて、高専の掲げる「『実践的』で『創造性豊かな』技術者」を育成する「教育の場」を提供すると同時に、社会に対して高専教育の成果を示す場として開催されている。

従来、日本では「デザイン（design）」を「設計」「意匠計画」といった狭義にとらえる傾向にあったが、近年は「エンジニアリング・デザイン（engineering design）」*1という言葉がよく使われるようになり、「デザイン」という言葉のもつ幅広い意味が社会的に認知されるようになった。

デザコン第1回の2004年石川大会では、ワークショップ部門と設計競技部門に分かれ、ワークショップ部門では「まちづくりへのチャレンジ」と題した地域交流シンポジウムと、「座ってまちをみつける場所」と題したものづくりワークショップが行なわれた。イベントの内容は設計の領域のみに留まることなく、地域コミュニティを扱った企画や実物大のベンチの制作など、多岐にわたっていた。エンジニアリング・デザインという概念が、大会プログラムの「デザコンの意義」の中に明文化されるのは2013年米子大会を待つことになるが、2004年時点で、すでに「創造性教育」「答えのない課題」など、先進的なプログラムに取り組む大会であったのだ。

改めてデザコンの歴史を整理すると、下記の年表のように、誕生は1977年、明石高専と米子高専の学生による設計製図の課題の相互発表会に遡る。この相互発表会に、呉高専、石川高専が参加し、1993年に「四高専建築シンポジウム」と改称した。以降、運営は学生主体となり、4高専の学生たちが共通のテーマの下に意見交換したり、各校の設計課題を中心に学生生活全般について発表する場となった。四高専建築シンポジウムは、学生の「創造性教育」「相互理解」「交流」の場として重要な意味を持つことが全国の高専の間で理解され、1999年に「全国高専建築シンポジウム」と改称し、全高専の建築系の学科の学生が参加できる大会となった。そして、伊東豊雄、小嶋一浩、内藤廣、村上徹、隈研吾など、招聘した著名な建築家から学生が直接指導を受けられる公開設計競技スタイルの大会へと発展した。その後、建設系の学科の学生も参加できる大会として、2004年の第1回全国高等専門学校デザインコンペティション（通称：デザコン）石川大会につながった。

一方、2008年から「高専における設計教育高度化のための産学連携ワークショップ」として「全国高等専門学校3次元ディジタル設

デザコンの変遷

		CADコン	アイディアコン
1977年	設計製図の課題の相互発表会をスタート（参加：明石高専と米子高専の建築系の学科の学生）		
1989年	第13回から呉高専が参加		
1993年	第17回から石川高専が参加 「四高専建築シンポジウム」と改称（運営：学生主体／参加：明石高専、米子高専、呉高専、石川高専の建築系の学科の学生）		
1999年	「全国高専建築シンポジウム」と改称（主催：各高専／参加：全高専の建築系の学科の学生）		
2004年	「全国高等専門学校デザインコンペティション（通称：デザコン）」に改称（主催：一般社団法人全国高等専門学校連合会*2／参加：全高専の建築系と建設系の学科の学生）		
2008年		「全国高等専門学校3次元ディジタル設計造形コンテスト」（通称：CADコン）がスタート（主催：独立行政法人国立高等専門学校機構*3／参加：全高専の機械系の学科の学生が中心）	
2011年	デザコンとCADコンを同日同会場（釧路）で開催（主催は別々）		
2012年	デザコン（小山）とCADコン（明石）を同日に開催（主催は別々）		
2013年	デザコンとCADコンを同日同会場で開催（主催は別々）		
2014年			「3Dプリンタ・アイディアコンテスト」（通称：アイディアコン）がスタート（主催：独立行政法人国立高等専門学校機構*3／参加：全高専の電気系の学科の学生が中心／主管校*4：八戸高専を核に東北地区の高専）
2015年	CADコンとアイディアコンをデザコンのAM部門として、夏大会（アイディアコン、仙台）と秋大会（CADコン、和歌山）に分けて開催（主催：一般社団法人全国高等専門学校連合会、独立行政法人国立高等専門学校機構／参加：全高専の建築系、建設系、機械系、電気系、情報系の学科の学生）		
2016年	デザコンのAMデザイン部門として、CADコンとアイディアコンが1部門に統合		

計造形コンテスト」（通称：CADコン）がスタートした。これは、当時まだ創生期であった3Dプリンタを造形装置として活用して造形物を製作し、造形物を使った競技を通して3D CADによる学生の設計力の向上を目的とした大会である。造形素材の弾性を利用するなど、CADによる設計に加えて構造解析や流体解析などを学生に求める課題であった。2011年釧路大会以降、2013年米子大会、2014年熊本（八代）大会と、主催は別にするもののデザコンと同一日同会場で開催された。

また、2014年からは、同様に3Dプリンタを使う「3Dプリンタ・アイディアコンテスト」（通称：アイディアコン）が始まった。CADコンの競技に対して、こちらは学生のアイディアや提案を主体とする特色を持った大会であった。この2つの大会は3Dプリンタを使うという共通の特徴を持つことから、関係者の間で協議・検討を重ねた結果、2015年のデザコン和歌山大会では、デザコンのAM（Additive Manufacturing）部門として、夏大会（アイディアコン）と秋大会（CADコン）に分けて開催。2016年デザコン高知大会では、AMデザイン部門として完全に1部門に統合された。これを機に、さらに新たな境地を広げ、内容の充実したデザコンとして進化していくはずだ。

(玉井 孝幸　米子高専)

デザコンの開催地（主管校〈キャンパス〉）*4
2004年　第 1回　石川大会（石川高専）
2005年　第 2回　明石大会（明石高専）
2006年　第 3回　都城大会（都城高専）
2007年　第 4回　徳山大会（徳山高専）
2008年　第 5回　高松大会（高松高専＝現・香川高専〈高松〉）
2009年　第 6回　豊田大会（豊田高専）
2010年　第 7回　八戸大会（八戸高専）
2011年　第 8回　釧路大会（釧路高専）
2012年　第 9回　小山大会（小山高専）
2013年　第10回　米子大会（米子高専）
2014年　第11回　熊本大会（熊本高専〈八代〉）
2015年　第12回　和歌山大会（和歌山高専）
2016年　第13回　高知大会（高知高専）
2017年　第14回　岐阜大会（岐阜高専）

註　*1　エンジニアリング・デザイン：総合的な専門知識を活用してものをつくる力、プロジェクトを推進していく力。そうしたデザイン能力、設計能力のこと。
　　*2　一般社団法人全国高等専門学校連合会：国立、公立、私立の高専の連合組織。全国の高専の体育大会やさまざまな文化系クラブ活動の発展を助け、心身ともに健全な学生の育成に寄与することが主な目的。
　　*3　独立行政法人国立高等専門学校機構：全国の国立高専51校55キャンパス（2017年3月末現在）を設置、運営している。目的は、職業に必要な実践的かつ専門的な知識と技術をもつ創造的な人材を育成するとともに、日本の高等教育の水準の向上と均衡ある発展を図ること。
　　*4　主管校：大会運営の主体となる高専。
　　*文中の人名は、敬称略

大会後記｜「デザコン2017 in 清流の国ぎふ」を終えて

第14回全国高等専門学校デザインコンペティション（以下、デザコン2017）は、岐阜高専の主管のもと、じゅうろくプラザ（岐阜市）において開催された。大会メインテーマ「デザインが天下を制する」は、天下統一を目指した戦国時代の武将、織田信長公の美濃（現在の岐阜県の一部）治世と岐阜の命名から、2017年がちょうど450年にあたることに因んでいる。まずは、本大会を企画・運営した教職員、学生、審査員をはじめ、全国からの参加学生と指導教員、後援・協賛への協力者など、多くの関係者に深く感謝の意を表したい。

「イノベーションを誘発する『スマートシティデザイン』」と題した特別講演（講師：杉山郁夫）では、デザイン技術の向上による情報の可視化で、目標が明確になると、エンジニアやデザイナーは何をすべきかがわかりやすくなり、それがイノベーションを生み出す原動力になるという切り口で新たな取組みが披露された。

デザコン2017は、2016年に引き続き、空間デザイン部門（物語〈ナラティブ〉を内在する空間）、構造デザイン部門（そこのけ、そこのけ、王者が通る）、創造デザイン部門（地産地"興"、AM（Additive Manufacturing）デザイン部門（安心・安全アイテム開発）、および高専の低学年を対象としたプレデザコン部門（気になる「もの」）の5部門で、それぞれ熱戦が繰り広げられた。

また、構造デザイン部門の競技に駆けつけてくれた戦国武将隊（信長公おもてなし武将隊）による応援団、各務原市の中学生による交流会での和太鼓生演奏が、さらに大会を活気づけてくれた。参加者や来場者に岐阜ならではの味わいを楽しんでもらえたのではないかと思う。本大会には、総数1,200人以上（運営スタッフ195人を含む）の多くの人々が参加した。中でも構造デザイン部門では、デザコン史上初の海外からの参加（モンゴル国合同高専）があった上に、ベトナム中部土木大学からの視察団を受け入れた。

このように、各部門の審査や大会運営が滞りなく進み、無事終了できたのは、数多くの関係者の理解と協力の賜物であることを改めて認識したい。今回の反省点や改善点は、次年度、2018年開催校の釧路高専へと引き継がれ、今まで以上に参加者の記憶に残る大会となることを切望している。

(和田 清　デザコン2017 in 清流の国ぎふ　開催地実施統括委員長)

建築資料研究社／日建学院の出版物

※金額は2018年4月現在の税別本体価格です。

建築基準法関係法令集2018年版　建築資料研究社／日建学院　2800円+税
定評ある「オレンジ本」の横書き版。建築士試験受験用、建築実務用として、また建築法規学習用として最適。

光の教会―安藤忠雄の現場　平松剛　1900円+税
名建築はこうして生まれた。ものづくりに賭けた人々の、苦難と感動の物語。大宅壮一ノンフィクション賞受賞。

五重塔のはなし　濱島正士+坂本功+「五重塔のはなし」編集委員会　1900円+税
現代に生きる伝統建築を、研究者・設計者・施工者らが分かりやすく解き明かす。

図説 日本の住まい―知っておきたい住宅設計の基本　中山章　1500円+税
いま住んでいる家は、どのような歴史を経て今日のような形になったのか。理解のための独自の枠組みを提示。

建築の今―17人の実践と展望　建築の今編集委員会　1900円+税
建築が今直面している問題に対し、第一線で活躍する専門家たちはどのように思考し行動しているのか？

早稲田建築学報（年刊）　早稲田大学建築学専攻/建築学科+早稲田大学建築学研究所　1000円+税
分野横断的な特集掲載のほか、学生の計画・論文優秀作品を紹介し、各研究室の現況を伝える。

建築設計資料（シリーズ全110巻）　3786～3800円+税
現代日本のあらゆるビルディングタイプをカバーし、完全特集形式で豊富な実作例を紹介する代表的シリーズ。

住宅建築（隔月刊誌）　2333円+税
創刊43年、文化としての住まいを考える雑誌。現在、大学研究室のプロジェクト活動を伝える連載を掲載中。

コンフォルト（隔月刊誌）　1714円+税
建築・インテリアから庭・エクステリアまで、デザインと素材を軸に毎号大型特集を組む、ストック型雑誌。

発行:建築資料研究社（出版部）http://www2.ksknet.co.jp/book/
〒171-0014東京都豊島区池袋2-38-2-4F　Tel:03-3986-3239　Fax:03-3987-3256

建 築 士 資 格 取 得 な ら 、伝 統 と 実 績 の 日 建 学 院 へ

開講講座　1級建築士／2級建築士／建築設備士／1級建築施工管理技士／2級建築施工管理技士／1級土木施工管理技士／
2級土木施工管理技士／宅建／土地家屋調査士、等　建築・土木・不動産分野を中心に多数開講

合格実績　1級建築士 96,701人　[**1級建築士の半分以上が日建学院出身者！** 日建学院合格者占有率（全国合格者総数164,244人） **58.9%**]
2級建築士 148,723人　※1987～2016年度累計

学生向け[建築士アカデミック講座]開講　全国160校で約1500名の学生が受講中

お問合せ・資料請求はこちらへ
受付　AM10:00～PM5:00（土・日・祝日は除きます）　**日建学院コールセンター**　**0120-243-229**

がんばる
みんなを
応援する。
みんなを
がんばった
みんなを
記録する。

**デザコン2016
in Kochi
official book**

全国高等専門学校連合会　編

エンジニアの卵たちが、課題解決への途をデザインする。新設「プレデザコン」を含む全5部門の競技を完全収録。

定価：本体1600円＋税

**せんだいデザインリーグ2017
卒業設計日本一決定戦
official book**

仙台建築都市学生会議＋
せんだいメディアテーク　編

建築系学生にとって最大のイベントを、ライブ感そのままに再現。出展全作品とオリジナル講評も収録。

定価：本体1,800円＋税

**トウキョウ建築コレクション
2017
official book**

トウキョウ建築コレクション
2017実行委員会　編

建築系修士学生のイベント6日間の全記録。未来の建築への萌芽を読み取ることができる、高密度な一冊。

定価：本体2000円＋税

http://www.ksknet.co.jp/nikken　株式会社建築資料研究社 東京都豊島区池袋2-50-1

デザコン2017 岐阜 | 第14回全国高等専門学校デザインコンペティション
official book

Collaborator：
全国高等専門学校デザインコンペティション2017 in 清流の国ぎふ開催地委員会
伊藤 義人（委員長）、和田 清（実施統括委員長）、片峯 英次（実施統括副委員長）
空間デザイン部門：今田 太一郎（部門長）、櫻木 耕史（副部門長）、小川 信之、清水 隆宏、鬼頭 彩、奥村 政充
構造デザイン部門：下村 波基（部門長）、岩瀬 裕之（副部門長）、犬飼 利嗣、柴田 良一、廣瀬 康之、角野 晴彦、水野 剛規、渡邉 尚彦、
上原 義己、髙橋 克彦、佐藤 昌彦
創造デザイン部門：吉村 優治（部門長）、鶴田 佳子（副部門長）、鈴木 正人、青木 哲、水野 和憲、菊 雅美、川端 光昭、山川 奈巳、
奥田 浩幸
AMデザイン部門：山田 実（部門長）、小林 義光（副部門長）、中谷 淳、山田 博文、黒山 喬允、伊藤 健治、洲崎 文嘉
プレデザコン部門：宮藤 義孝（部門長）、柴田 欣秀（副部門長）、白木 英二、菅 菜穂美、堅田 陽子、高橋 憲吾、冨本 悠公、八木 真太郎、
渡邉 慎、阪上 弘彬、加藤 真二
事務部門：澤田 利夫、山口 敏也、阿良 誠、三浦 拓也
協力学生
空間デザイン部門：臼井 ルーク裕也、木村 智彦、青井 凱飛、荒井 優伽、井田 悠希、伊藤 鈴乃、奥山 翔、小森 智穂、齋藤 愛佳、
鷲見 勘太、説田 十吉、髙田 皓莞、辻 寛太、野村 日菜子、林 幹也、古川 椋子、細野 竜一、松木 賢弥、本村 梨乃、横山 航平、萬谷 蓮、
渡邉 悠加、柳原 聡太、山下 明日香／構造デザイン部門：安藤 さやか、阿部 友理、石田 茉美、一色 寛登、伊藤 功多、木村 祐太、
川本 佳奈、後藤 壮、根本 一樹、早矢仕 啓太／創造デザイン部門：河合 有美、河崎 拳吾、子安 純平、渡邉 篤、浅井 邦夫、伊藤 大樹、
葛谷 藍香、佐藤 充、関谷 真吾、廣瀬 由梨奈、岩下 和弘、國枝 佳祐、種市 慎也、廣瀬 有樹、藤田 耕平／AMデザイン部門：安達 愛華、
二山 愛理、岩田 武士、大野 聖矢、西条 優汰、澤村 健介、野田 翔太朗
［以上、岐阜工業高等専門学校］
＊学生氏名は部門別、専攻科の上級学年から順に五十音順

全国高等専門学校デザインコンペティション専門部会
濵中 俊一（部会長、高知高専校長）、玉井 孝幸（幹事、米子高専）

一般社団法人全国高等専門学校連合会
会長：前野 一夫（木更津高専校長）

Editorial Director：鶴田 真秀子（あとりえP）
Co-Director：藤田 知史
Art Director：狩野 夫二代（来夢来人）
Designer：坂本 弥穂（来夢来人）
Photographers：谷川 ヒロシ（トロロスタジオ）／大島 隆義（PhotoOfficeOshima）／藤代 誉士（HomeCame）／
但馬 守、但馬 佐保子、飯沼 美穂、松井 優幸（平和写真館）
Editorial Associates：髙橋 美樹、戸井 しゅん

Producer：種橋 恒夫（建築資料研究社／日建学院）
Publisher：馬場 圭一（建築資料研究社／日建学院）

デザコン2017 岐阜　official book
第14回全国高等専門学校デザインコンペティション

一般社団法人全国高等専門学校連合会 編

2018年4月20日　初版第1刷発行

発行所：株式会社建築資料研究社
〒171-0014　東京都豊島区池袋2-38-2-4F
Tel.03-3986-3239　Fax.03-3987-3256
http://www.ksknet.co.jp

印刷・製本：シナノ印刷株式会社

©一般社団法人全国高等専門学校連合会
2018 Printed in Japan

＊本書の無断複写・複製・転載を禁じます
ISBN978-4-86358-565-2